新时代财政理论创新探索

"上海会议"纪实

中国财政学会 编

中国财经出版传媒集团
中国财政经济出版社
北京

图书在版编目（CIP）数据

新时代财政理论创新探索.“上海会议”纪实 / 中国财政学会编. -- 北京：中国财政经济出版社，2024.1

ISBN 978-7-5223-2690-0

Ⅰ.①新… Ⅱ.①中… Ⅲ.①财政理论—中国—文集 Ⅳ.①F812.0-53

中国国家版本馆CIP数据核字（2024）第023131号

责任编辑：闫　娟　　　　　　责任印制：史大鹏
责任校对：胡永立　　　　　　封面设计：陈宇琰

新时代财政理论创新探索——"上海会议"纪实
XINSHIDAI CAIZHENG LILUN CHUANGXIN TANSUO——"SHANGHAI HUIYI" JISHI

中国财政经济出版社 出版

URL：http：//www.cfeph.cn

E-mail：cfeph@cfeph.cn

（版权所有　翻印必究）

社址：北京市海淀区阜成路甲28号　邮政编码：100142

营销中心电话：010-88191522

天猫网店：中国财政经济出版社旗舰店

网址：https：//zgczjjcbs.tmall.com

中煤（北京）印务有限公司印刷　各地新华书店经销

成品尺寸：165mm×240mm　16开　16.5印张　155 000字

2024年1月第1版　2024年1月北京第1次印刷

定价：78.00元

ISBN 978-7-5223-2690-0

（图书出现印装问题，本社负责调换，电话：010-88190548）

本社图书质量投诉电话：010-88190744

打击盗版举报热线：010-88191661　　QQ：2242791300

前　言

直面疫情冲击影响　　推进财政理论研究

2020年以来的新冠疫情冲击，给我国经济社会发展和全球产业和贸易的有序进行带来了重大风险和挑战。作为国家治理的基础和重要支柱，财政在应对疫情冲击挑战，保持经济社会稳定发展方面发挥着重要作用。推进现代财政制度建设，创新财政基础理论，促进财税体制改革创新在当前有着十分重要的意义。中国财政学会坚持"为中心工作服务、为现实服务"的宗旨，以新时代中国特色财政基础理论创新和发展为宗旨，有效调动全国会员力量，有序做好各项研究组织工作，以"新时代中国特色社会主义财政基础理论研讨会"为平台载体，深入贯彻落实习近平总书记"要推出具有独创性的研究成果，就要从我国实际出发，坚持实践的观点、历史的观点、辩证的观点、发展的观点，在实践中认识真理、检验真理、发展真理"的战略部署和方针要求，有力开创中国财政基础理论研究新局面，支撑和服务中国财政理论体系的发展、创新和完善。在前期工作的基础上，中国财政学会联合教育部财政学教指委和上海财经大学，利用疫情平稳期的有利时机，组织调动全国会员单位和专家学者，通过线上线下相结合的方式，组织召开了本次"中国特色社会主义财政基础理论暨财政学科建设视频研讨会"。此次会议是中国财政学会继廊坊、泰安、长沙、南昌会议后组织的第五次财政基础理论研讨会（简称为上海（视频）会议），也是中国财政学会与教育部财政学教指委联合举办的第二次财政基础理论与学科建设研讨会。

  本次会议分为上下两个半场。上半场主要是研讨新时代的财政基础理论，由中国财政学会副秘书长、中国财政科学研究院副院长傅志华研究员主持；下半场主要以财政基础理论为支点构建新时代财政学科体系，由中国财政学会理事、上海财经大学公共经济与管理学院院长刘小兵主持。中国财政学会副会长兼秘书长、中国财政科学研究院党委书记、院长刘尚希，财政学教指委主任委员、山东大学校长樊丽明，上海财经大学副校长陈信元出席会议并作开幕致辞。

  研讨会的上半场共有九位理事专家进行了主题发言。他们分别是：中国财政学会副会长、财政学教指委副主任委员、中南财经政法大学校长杨灿明，中国财政学会副会长、中央财经大学副校长马海涛，中国财政学会副会长、财政学教指委副主任委员、江西财经大学教授王乔，中国财政学会副会长、财政学教指委副主任委员、中国人民大学教授郭庆旺，财政学教指委副主任委员、西南财经大学党委副书记马骁，财政学教指委副主任委员、浙江财经大学校长钟晓敏，中国财政学会副秘书长、中国社会科学院财经战略研究院副院长杨志勇，中国财政学会副秘书长、国务院发展研究中心宏观经济研究部副部长冯俏彬以及中国财政学会副会长兼秘书长、中国财政科学研究院院长刘尚希等9位专家学者先后作主旨演讲。这些著名的财政学界领导和理论专家就新时代财政基础理论的创新主线、体系结构、核心观点和思路理念进行了深入的交流研讨，并在以中国改革实践为出发点和大逻辑，创新中国财政基础理论等关键问题上形成了共同意见。我们将其发言内容整理编辑，努力保持发言稿的原汁原味，在丰富现场感、提升条理性的基础上，收纳于本书之中，为中国财政基础理论的创新研究工作提供指引，形成合力。我们将九位专家的主要观点综述如下：

杨灿明的发言主要围绕"第四次分配"展开。他指出，除我们熟知的三次分配外，我国居民的现实生活中实际上还存在着一种发生在家庭或者家族内部的分配，如遗产的分配，晚辈对长辈的赡养，亲属之间的赠与等，这种基于血缘亲情关系和代际转移所产生的分配方式我把它称为"第四次分配"。第四次分配既不按照市场规则，也不是行政命令，更不是社会慈善救助的范畴，第四次分配有着坚实的经济学理论基础和现实基础。基于此，第四次分配理念的提出，有利于我国收入分配体系更加完整完善，形成市场力量、政府力量、道德力量与血缘力量四位一体的收入分配体系，这样共同推动了收入分配格局优化的局面。

马海涛主要就新文科建设背景时代需要为前提来思考财政学科的发展做了交流。他指出，新文科的建设是要扎根中国大地做学问，做好具有民族性、时代性和原创性的新文科理论的研究。在新文科背景下，我国财政学建设的重点就是中国特色的政治经济体制，围绕我国的财政基本制度和财政现象展开财政科学研究，从而解决我国现实的财政问题，满足国家吸引力的需求。在学科发展上，要处理好应用性和基础理论之间的关系，要把握好研究个人和政府之间的关系，以及政府间关系的本质特征。

王乔主要就传承"人民至上"的财政思想，坚定不移地推进财政改革作了交流。他指出，在党的十九届六中全会的《决议》中，

"人民"两字出现了249次之多,力压千钧。习近平总书记指出,党的根基在人民,血脉在人民,力量在人民,人民是党执政兴国的最大底气。总结百年党史,传承人民至上的财政思想,我们必须坚定不移地推进财政制度改革。一是找准新时代财政定位,服务经济社会高质量发展;二是明确新时代税收职能,加快完善现代税收制度;三是聚焦共同富裕目标,突出保障和改善民生;四是形成一揽子工程,推进财政金融货币政策共同发力。

郭庆旺主要就财政的职能作用及其实现的方式方法作了交流。他指出,过去我们的研究主要集中于借鉴西方的学术的发展,从经济的角度,特别是从市场失灵的角度来总结财政职能。但是这一角度在实践中有很多问题解释不了,我们需要从"政"的角度切入,从执政党的思路和理念出发,认识和理解中国土壤下的财政职能。

马骁主要就财政学科建设的超越局限进行了论述。他指出,新中国的财政学科在一代又一代财政学先贤的努力下,取得了辉煌的成就。但狭窄化也是一个不争的事实,至少从学科发展的角度来看,财政学科还没有完全突破经济学科的局限。推动我们财政学科范式的转换,有三点思考:一是对具有显著综合性特征的财政问题的理解分析解决,必须坚持多学科、跨学科和超学科的视野和路径;二是在人才培养方面,课程设置需要超越经济学的传统与局限;三是以习近平新时代中国特色社会主义思想为指导,遵循财政学科分化综合的一般发展趋势为坐标,来进行综合化的发展。

钟晓敏主要就基础理论的研究、区分财政学与财政管理、重视人才培养三个问题做了交流。他指出,一是要更加重视基础理论的研究,科学研究,加强多学科交叉学科的研究。二是要区分财政学与财政管理,但在实践中也要基于财政理论的发展和研究范围的拓展做好两者之间的融合。三是学科建设中的人才培养，要结合经济形态的发展做好人才培养的方向，如浙江财经大学的数智财政，就是侧重于财政学与大数据、人工智能等方面的融合。

杨志勇主要就重大现实问题研究推进财政基础理论创新作了交流。他指出，我们在基础理论创新中要回答时代命题，如果不能回答时代命题理论就缺乏活力，缺乏生命力。我们可以从不同角度做研究，但最重要的是需要研究真问题。推动财政基础理论的创新，繁荣财政科学，我们应该把更多的时间用在研究真正的问题上，而不是为学术而学术，只有这样财政学的发展才会更好。

冯俏彬就财政基础理论反思和创新作了交流。她指出，中国特色社会主义财政基础理论的架构，主要包括以下要点：一是要同我们过去的理论研究相联系；二是要融合对外开放的成果，坚持国际相接轨的角度；三是坚持面向未来的角度。在我们财政理论的研究当中，我们要出一个既不同于过去，当前从过去当中来，但是又吸收了先进的西方文明，在这个基础上形成中国之所以为中国，中国财政理论之所以为中国财政理论的东西，我们现在肯定是到了这个时候了。

刘尚希主要从财政理论创新和我们学科建设紧密联系上作了交流。他指出，人类文明从农业文明、工业文明发展进入到了数字文明，带来许多深刻的问题。数字文明意味着我们生存发展的方式将有颠覆性的变化，这意味着我们工业文明时代建立的知识体系已经逐渐变得不相适应了。我们不是简单地否定过去的理论，而是要对传统理论扬弃的基础上重构适应数字文明时代的新的理论。从我们所处的时代方位来看，我们面临的基本问题是什么，我认为就是不确定性和风险。基础理论的创新首先要更新我们的思维方式，我们要装入一个新的认知模式，只有这样，理论的创新才有前提。

研讨会的下半场共有广东财经大学校长于海峰、云南财经大学校长伏润民、南京审计大学副校长裴育、江西财经大学副校长李春根等21位与会理事专家作了重点发言。他们的发言围绕对财政学基础理论的反思，国家治理与财政基础理论创新，财政学学科建设的经验与思考，新文科建设对财政学科发展的机遇与挑战等主题展开深入交流。我们也将其主要观点进行摘录整理，并纳入本书结集出版，以飨读者。

本次研讨会是在中国共产党成立一百周年之际，中国财政学会引领中国财政学界同仁共同学习贯彻党的十九届六中全会精神，迎接党的二十大胜利召开而举办的财政理论与学科发展的盛会。与会领导和理事专家共同探讨中国特色社会主义财政基础理论的创新发展，协力推进财政学科体系的重构与完善，着力为更好地服务现代财税体制改革，更好地支持和促进国家治理现代化作出贡献。

目录

主旨发言

 樊丽明 / 1

 刘尚希 / 9

 马海涛 / 17

 杨灿明 / 25

 王乔 / 31

 郭庆旺 / 37

 马骁 / 41

 钟晓敏 / 49

 杨志勇 / 55

 冯俏彬 / 69

 刘小兵 / 77

 丛树海 / 89

专家研讨

 于海峰 / 95

 伏润民 / 103

 裴育 / 109

 李春根 / 117

 刘怡 / 127

 孙开 / 131

 刘蓉 / 137

 吕冰洋 / 143

 白彦锋 / 151

 石绍宾 / 159

 谢贞发 / 163

 方红生 / 173

 马珺 / 177

 李成威 / 181

 刘守刚 / 187

 郭长林 / 197

 谷成 / 201

 朱军 / 217

 郑榕 / 223

 刘穷志 / 229

 倪志良 / 233

 曾军平 / 241

主旨发言

ZHUZHI FAYAN

樊丽明

山东大学

加快构建中国特色哲学社会科学，建构中国自主的知识体系，是以习近平同志为核心的党中央提出的坚持和发展中国特色社会主义的重要任务之一。新中国成立以来中国财政学的发展历程，就是一个既吸收外来、又立足中国财政实际努力开展理论创新的过程。以中国制度和文化背景为前提，以中国财政实践为出发点，以中国财政制度、运行规律为对象，以社会科学学科为主要依托，以发展中国财政学话语体系为突破口，来构建中国财政学学术体系和话语体系，形成中国特色财政学理论，是一种现实和合理的选择。

中国财政学学术体系、话语体系建设之思考

加快构建中国特色哲学社会科学，建构中国自主的知识体系，是以习近平同志为核心的党中央提出的坚持和发展中国特色社会主义的重要任务之一。习近平总书记近年来就中国哲学社会科学创新发展作出一系列重要论述。他在2016年5月17日哲学社会科学工作座谈会上明确提出，"哲学社会科学是人们认识世界、改造世界的重要工具，是推动历史发展和社会进步的重要力量，其发展水平反映了一个民族的思维能力、精神品格、文明素质，体现了一个国家的综合国力和国际竞争力""要按照立足中国、借鉴国外，挖掘历史、把握当代，关怀人类、面向未来的思路，着力构建中国特色哲学社会科学，在指导思想、学科体系、学术体系、话语体系等方面充分体现中国特色、中国风格、中国气派。"2022年4月25日，习近平总书记在中国人民大学考察时再次强调，"加快构建中国特色哲学社会科学，归根结底是建构中国自主的知识体系""要以中国为观照、以时代为观照，立足中国实际，解决中国问题，不断推动中华优秀传统文化创造

性转化、创新性发展，不断推进知识创新、理论创新、方法创新，使中国特色哲学社会科学真正屹立于世界学术之林。"这些重要论述为构建中国特色哲学社会科学体系、发展中国财政学指明了前进方向。

新中国成立以来中国财政学的发展历程，就是一个既吸收外来、又立足中国财政实际努力开展理论创新的过程。可以将其分为四个阶段。一是1949—1977年的创立发展阶段。新中国成立之初，随着国民经济的恢复，一些不同于旧中国时期的财政学教科书问世，反映了财政学界探索新财政学的最初成就。在新中国成立之初学习引进苏联财政学理论之后，一方面为适应我国计划经济发展的需要，另一方面与苏联的决裂加快了新中国财政学的探索进程，财政学界欣欣向荣，形成了国家分配论、货币关系论、价值分配论、再生产论等理论流派。"文化大革命"时期，财政学发展停滞。二是1978—1992年的继承发展阶段。党的十一届三中全会之后，沐浴改革开放春风，回应恢复高考后教育教学急需，中国财政学迎来了春天。学术争论推动了主要基于马克思主义政治经济学的社会再生产理论、社会主义分配理论的国家分配论、再生产论、剩余产品决定论、社会共同需要论等传统财政学理论流派的进一步发展，从而推动了中国财政学的发展。三是1993—2013年的引进吸收发展阶段。随着我国社会主义市场经济体制改革目标的确立，财政学界一方面快速引进以市场经济体制为基础的西方财政学理论体系，另一方面努力探索立足于中国财政制度和实践的财政学理论,中国式公共财政论应运而生。公共财政论的内容和形式因实践进展和理论创新而有不同的表现。四是2013年以来的建立自主学术体系话语体系阶段。党的十八届三中全会通过的《中共中央关于全面深化改革若干重大问题的决定》,将财政定位为国家治理的基础和重要支柱。在这一定位的指引下,现代财政制度理论研究有了新突破,新时代中国财政学的发展进入新阶段。一批学者表现出了高度的认识自觉和行动自觉,进一步推动了中国财政学的繁荣发展,促进了中国财政学学术体系话语体系的建设。高培勇教授的国家治理论,刘尚希院长的公共风险论,李俊生教授的新市场财政学等都是富有特色的有益探索。但构建具有中国特色的财政学学术体系话语体系,仍然是摆在我们面前的一项重要紧迫但又十分艰巨的任务。笔者认为,以中国制度和文化背景为前提,以中国财政实践为出发点,以中国财政制度、运行规律为对象,以社会科学学科为主要依托,以发展中国财政学话语体系为突破口,来构建中国财政学学术体系和话语体系,形成中国特色财政学教材,可能是一种现实和合理的选择。

首先,构建中国财政学学术体系、话语体系,应该以中国政治经济制度和历史文化背景为前提,以中国财政分配实践为出发点,以中国财政制度、运行规律为对象。这首先就是要解决好出发点和落脚点的问题,即以中国为观照,以时代为观照,立足中国实际,探索内在规律，解决中国问题，实现知识创新、理论创新和方法创新。而要完成这项任务，就不能仅仅是进行以西方财政理论为框架、填入中国数据和案例的"简单装修式"建设。我国的所有制性质、国体政体性质、执政党性质等"四梁八柱"决定了财政运行和发挥作用的制度背景与主要西方国家存在质的不同，指导思想和价值判断与主要西方国家存在不同，财政分配原则、作用边界和运行机制也存在差异，小修小补式理论建设往往忽视财政存在的"背景差异"，忽视中国财政问题和时代需求，难以解释中国财政实际，限制了对财政的认识边界。而且，中国历史文化对于财政制度和财政运行的影响是深刻而持久的，这一点无论如何不可忽视。一国形成什么样的政治经济制度受到诸多因素影响，但一定是扎根于、立足于、延续于自己的历史文化之中。中国有着5000年连绵不断、积淀深厚的文明历史，其历史文化惯性尤为巨大，对经济社会制度的影响更为显著。譬如，自秦代以来，中国历史的最大特色就是追求国家统一，中华文化呈现出突出的统一性特征。家国天下是中华民族的特有情怀，修齐治平、正心修身是中国人的价值追求，只有中国把"国"叫作"国家"，国家不分离，"家是最小国，国是千万家"，中华民族如同一个大家庭。这种崇尚统一的历史文化对我国的政治体制、财政体制有着重要且持久的影响作用。又如，中华传统文化主张天人合一、知行合一，关注人与人的关系，崇尚和谐、追求大同。这种文化根基构成了一个国家一个民族共同的思想基础，成了当代以人为本、绿色发展、共同富裕、构建人类命运共同体的文化渊源，也成为指引包括财政制度在内的经济社会制度变迁的价值导向和目标追求。

其次，构建具有中国特色的财政学学术体系、话语体系，需要秉持交叉融合发展理念，按照研究对象的发展逻辑和研究问题的内在联系进行理论建构，而不宜囿于经济学甚至应用经济学的樊篱，进行单纯学科主导型建设。财政学是一门研究如何"理公共之财，管公共之事"的学问，着眼于多层级公共组织，小到最基层的乡镇街道政府，大到整个国家政府，乃至各类区域性、全球性国际组织的公共资源配置，着重研究分析如何归集公共需求、如何筹集公共收入、如何供给公共产品（服务）以及如何提高公共产品绩效的知识，也具有培养公共意识、公共素养和公共能力的作用。各类公共组织进行资源配置，其决策影响因素绝不仅仅限于经济因素；财政分配涉及领域广泛，认识其运行过程及其规律也绝不仅仅需要经济学知识。如果我们仅仅是为了建立纯粹的、合乎逻辑的、形式漂亮的学术体系，可以仅在经济学框架内发展财政学，但这样的财政学是具有"学科意义"但缺少科学意义和实践意义的财政学，不是经世济国、学以致用的财政学。要构建有意义的财政学学术体系、话语体系，应以财政分配实践为出发点，以追求学术的理论价值和实践价值为旨归，融合经济学、政治学、公共管理学、社会学、法学等学科的知识和方法，在一个更广的视域内建构财政学学术体系。

最后，要完成这项任务，需要对已有的社会主义财政学、西方市场经济为基础的财政学学术体系进行分析甄别，需要进行从发展话语体系到建设学术体系的基底性重构。一方面，以分析为前提，以继承为原则，将体现财政分配共性的重要概念有效利用；另一方面，需要结合国情创新性地"提炼标识性概念"，打造符合中国实际的新概念、新范畴、新表述。譬如，将中国发挥独特制度优势、在多个领域实施的对口支援现象提炼成"中国式横向转移支付"，从而丰富中国财政学的转移支付概念和理论，增强中国财政学的解释力，即是一例。"自20世纪70年代末以来，我国从对口援藏到对口援疆，从医疗援助到教育援助，从对口支持三峡库区到对口援建汶川地震灾区，从东西部扶贫协作到精准脱贫，对口支援已经成为我国政治经济社会活动中组织性日渐增强、覆盖面越来越广、力度不断加大的政府行为，在解决地方性公共产品提供不足、推动区域经济协调发展、实现各民族团结互助等方面发挥了重要作用。"这些"形式多样的对口支援，其实质是中国式横向转移支付"。可以说，唯有以传承和创新相结合的话语体系构建为基础，才可能逐步构建起"具有主体性、原创性的"中国财政学学术体系。

（该文发表于《管理世界》2022年第6期）

主旨发言

ZHUZHI FAYAN

刘尚希

中国财政科学研究院

当数字化与金融化叠加在一起,经济运行的逻辑和社会发展的轨迹都在发生深刻变化。这种变化是颠覆性的,既颠覆现实,也颠覆理论;既颠覆传统的理论认识,也颠覆我们的学科定位。理论创新不是简单地否定传统理论,而是要实现超越,在扬弃传统理论的基础上重构适应数字文明时代的新的理论。站在人类文明发展的高度来看问题,视野才能变得更为开阔。强调财政理论创新,特别是讲基础理论的创新,应当要强调学科体系的重构。在一些局部的、边边角角的问题上进行创新并非不可以,但是基础理论的创新应当有一个更宏大的视野,即基于中国所处的时代和历史方位。

构建适应数字文明时代的新理论

财政理论创新和财政学科建设紧密关联，都涉及财政学科定位问题。基于此，我重点谈谈如何以时代问题为导向，超越传统学科定位，推动财政理论创新。

一、人类进入数字文明时代

理论创新要以问题为导向，而问题从何而来？时代是思想之母，实践是理论之源。所以，问题从时代来，从实践中来。推动财政理论创新，首先必须分析我们处于一个什么样的时代，在从事什么样的实践。只有这样，才能超越传统、突破局限。

习近平总书记一再强调，要站在人类文明发展的高度，准确把握我们所处的历史方位，他还在一次讲话中明确提出了数字文明的概念。把握我们所处的时代，必须意识到我们已经从工业文明进入数字文明时代。现在的数字革命并非是工业革命框架下的第四次技术革命,而是超越工业革命,与农业革命、工业革命并列的第三次大的革命。正因为如此,人类文明时代也从农业文明时代、工业文明时代发展到了数字文明时代。

时代之变会带来许多深刻的问题。进入数字文明时代意味着人类在工业文明时代建立的那套知识体系已经逐渐变得与现实不相适应了。这种不相适应不是局部性的,而是整体性的、根本性的。数字文明意味着人类生存发展的方式将发生颠覆性变化,这在我们的经济、日常生活和政府运行等各个层面都有显现。比如,前两天广东举办了数字财政论坛,昨天我参加了关于数字确权问题的研讨会。在现代经济中,数据成为重要的生产要素,但其确权却是一个难题。

当数字化与金融化叠加在一起,经济运行的逻辑和社会发展的轨迹都在发生深刻变化。这种变化是颠覆性的,既颠覆现实,也颠覆理论;既颠覆传统的理论认识,也颠覆我们的学科定位。比如说数字金融的发展,财政和金融的关系变化,美国财政货币政策的一体化,以及在现实中出现的负利率、负价格等现象,这些情况在过去闻所未闻。

二、构建适应数字文明时代的新理论

理论创新不是简单地否定传统理论,而是要实现超越,在扬弃传统理论的基础上重构适应数字文明时代的新的理论。站在人类文明发展的高度来看问题,视野才能变得更为开阔。

数字文明时代的历史定位表明我们正经历从传统慢变的社会转向现代快变的社会。在农业文明时代通常以千年为单位来观察时代的变化;到了工业文明时代,通常以百年为单位来观察这种变化;到了数字文明时代,则是以十年为单位来进行观察这种变化。人类社会的发展呈现加速度变化,这衍生出很多问题,人类为了构建秩序而形成的各种规则在快速变化的过程中迅速解构。许多规则快速失效,已经不适应时代要求。最为突出的是现实中很多的法律已经不适应数字化时代要求。比如《劳动法》就已经不适应了,过去讲的劳动与资本的关系现在看起来也要有新的认识。以单位缴费为基础的社保制度,在灵活就业越来越多的状态下,已经变得越来越不适应了。

社会变化速度快也意味着风险的内涵发生变化。快变的社会意味着人类面临的不确定性和风险越来越大。就像我们开车,在市里慢速行驶,撞一下最多车有一点损失,人一般不会有什么问题。但是如果进入了高速公路，在高速行驶情况下的碰撞事故产生的风险和后果完全不同。进一步地，如果开的是飞机，有一点点碰撞就可能导致机毁人亡。鸟要撞到汽车，鸟可能会受伤，但汽车没事，而鸟撞上飞机对飞机来说是灾难。这表明速度不同，风险的含义是不同的。同样的风险事件在慢速的社会里，可能不足以构成危机，但在快速变化的社会，不起眼的一件小事就有可能酿成大的危机。在人类文明发展的速度呈现加速度的背景下，现有的很多理论难以解释现实，如果硬要解释，也是刻舟求剑。

三、以虚拟理性推动理论变革

过去我们认为这个世界是确定的，但现在量子力学发现世界的本质是不确定性的。这颠覆了我们传统的认知，实际上这是认识论的巨大飞跃。传统的知识体系都是建立在传统或者经典科学理论认识基础之上的，量子力学的新的发现并没有转化为哲学和社会科学的认识范式。量子力学作为自然科学的研究，其发现对社会科学的研究具有重大启示意义。意味着传统的以牛顿经典力学为基础形成的基于确定性世界观的知识体系，特别是哲学社会科学体系，难以应对我们所处的真实的、不确定性的世界。

过去认为确定性是客观存在的，但是现在发现确定性是需要去构建的。这跟以往的认识完全不同。所以，这个时代实际上是需要去构建确定性的时代。这和我们以往讲的寻找一个客观存在的、先天的确定性（通常以规律这个概念为代表）的思维完全不同。这意味着理论创新的基本哲学基础和认识基础需要改变。

这个时代，实际上是虚拟与实体叠加的时代。数字化带来了虚拟化，金融化也带来了虚拟化，这两个虚拟化瓦解了实体理性，取而代之的是虚拟理性。这是一个新的命题和新的问题，如果没有虚拟理性，我们就无法理解虚拟的世界、虚拟空间。最近"元宇宙"的概念非常火爆，国外一家数字巨头已经改名元宇宙公司，虚拟现实的发展远远超出我们的想象。中国在数字经济发展方面是世界第二，但跟美国的差距在越拉越大。在独角兽企业发展方面，如果说在2018年我们在全球三分天下有其一，而现在只占2%。如果不能超越传统的认知，那我们就可能赶不上这个时代，就会落伍。

从我们所处的时代方位来看，我们面临的基本问题是不确定性和风险问题。习近平总书记对风险问题高度重视，多次阐述风险问题，多次强调防范化解重大风险的重要性、必要性、紧迫性。2018年，他在一次讲话中把防范化解重大风险当成木桶的底板，他认为防范化解重大风险是底板问题，是事关中华民族伟大复兴的一个根本性问题。根据木桶原理，底板和短板性质完全不同，财政是国家治理的底板，不是短板问题。风险问题也是中国可持续发展和实现民族复兴的一个底板问题。可以看出，习近平总书记特别关注那些有可能中断中华民族伟大复兴进程的重大风险问题。这些问题要我们去应对，要提供新的理论来解释。

风险问题是虚拟问题，因为风险是不可证伪的。过去讲科学问题，那都是要证伪的，不能证伪就是伪命题。风险恰恰就是不能证伪的。所以，按照传统的实体逻辑来理解我们当下的基本问题，可能无解。基础理论的创新首先要更新我们的思维方式，要嵌入一个新的认知模式，只有这样，理论的创新才有基础。

四、基于时代问题重构财政理论

强调财政理论创新，特别是讲基础理论的创新，应当要强调学科体系的重构。在一些局部的、边边角角的问题上进行创新并非不可以，但是基础理论的创新应当有一个更宏大的视野，即基于中国所处的时代和历史方位。中国的发展实践中还面临着许多重大的问题，比如二元结构的问题，比如社会转型慢于经济转型的问题等。按人口结构来看，农民群体占55%，表明中国依然是一个以农民为主体的社会。这个时代和社会背景给我们提出了许多需要思考和解决的难题。市场化、数字化、城镇化和农民市民化等问题都是中国独特的问题，需要我们去思考和解决。解决这些问题恰恰要发挥财政的作用。局限于传统的财政学科的定位，会限制我们的创新。只有把这些基本问题纳入我们的研究视野，才能跳出传统的财政学科定位。应该首先从回答时代问题入手，然后再考虑财政学是一个什么样的学科。应该是先有孩子再取名，而不是根据取的名字再决定生什么样的孩子，这个顺序不能错。财政理论创新与学科建设都要实现超越，超越传统理论、超越传统学科定位，真正基于问题导向，基于时代之问。

我曾听到政治学科的专家讨论财政学问题，他们认为财政学应当是政治学的基础课。我当时非常惊讶。他们觉得财政学应当是政治学的基础课，表明从他们的视角发现了财政学的重要性，也表明财政学科之外的人比我们财政学科之内的人对财政的认识更为清楚。这也充分说明，确实要超越现有的学科定位来推动财政理论创新。

主旨发言

ZHUZHI FAYAN

马海涛

中央财经大学

"新文科"建设是我国当前财政学科发展的重要背景。"新文科"建设的主要目标是"推动哲学社会科学与新科技革命交叉融合,培养新时代的哲学社会科学家",财政学科建设也应以此为基本目标。当前我国财政学的学科建设目标是服务国家治理现代化,建设基础是我国特有的政治经济体制。因此,财政学应是一个跨经济学、政治学、社会学等学科的综合的方法论体系,其概念体系和方法工具都应以研究具体问题的有效性为依据而选择,而不应拘泥于单一学科的范畴。

"新文科"背景下的财政学科建设与发展

一、"新文科"背景下的财政学科

"新文科"建设是当前我国财政学科发展的重要背景。"新文科"建设的主要目标是"推动哲学社会科学与新科技革命交叉融合，培养新时代的哲学社会科学家"，财政学科建设也应以此为基本目标。中国是当今世界第二大经济体，也是最大的发展中国家。独特的国情和中国特色社会主义市场经济体制决定了我国的财政实践与西方存在显著差异。党的十八大以来，党中央高度重视财政体制改革。特别是新冠疫情爆发后，我国财政体制展现出超常的力量和韧性，为疫情防控和经济恢复注入了强劲的动力，取得了举世瞩目的成绩。"新文科"建设下的财政学要参与并引领国际化，向世界讲好中国财政故事，贡献中国的财政方案。

新时代的"新文科"新在全方位、系统性的学科和学术体系构建。以财政学为例，其学科内涵涉及政治、经济、社会等多个学科领域；其应用范围覆盖党建、文化、生态、军事等更多的公共领域；其研究方法丰富多元，包括传统与新兴的方法、定量与定性的方法、宏观与微观的方法等。

二、财政学科属性再认识

财政学科的研究对象是我国的财政活动和财政现象，主要目的是解决现实的财政问题，满足国家治理需求。当前我国财政学的学科建设目标是服务国家治理现代化，建设基础是我国特有的政治经济体制。党的十八届三中全会提出"财政是国家治理的基础和重要支柱"，这一重大论断阐述了新时期财政与国家治理的关系，紧紧围绕政治、经济、文化、社会、生态文明和党的建设等领域，将财政的地位提升至国家治理层面，顺应了国家治理体系和治理能力现代化的需要。由此，随着财政从经济领域推进至国家治理层面，党的十八届三中全会将财政的职能概括为："优化资源配置、维护市场统一、促进社会公平和实现国家长治久安。"基于这种判断，财政学应是一个跨经济学、政治学、社会学等学科的综合的方法论体系。财政学使用的概念体系和方法工具都应以研究具体问题的有效性为依据而选择，而不应拘泥于单一学科的范畴。

财政学具有实践性与综合性，当前我国财政学科的建设要立足于我国经济社会改革发展的根本，服务于国家重大战略和决策需求，落实到研究我国发展和党执政面临的重大理论和实践问题上来，财政学研究应主要基于我国特殊的政治经济体制。我国特殊的政治经济体制、政权组织结构对我国财政学产生了重大影响，主要表现为：我国是社会主义国家，始终坚持中国共产党的领导，随着中国特色社会主义进入新时代，我国更加注重与国情相结合，充分发挥财政在调节经济、优化资源配置等方面的作用和功能，进而在社会主义市场经济建设过程中更加突出财政作为国家治理的基础和重要支柱功能，更加强调提供公共服务和公共产品，以满足公共需要。基于此，我国财政学界亟待依托中国特色财税改革与发展实践的，立足中国、服务世界、具有中国特色的财政科学理论体系。该理论可以用于指导和推进中国特色社会主义财政体制改革，为进一步增强改革的系统性、整体性和协同性提供理论支持。

由此可见，从国家治理的角度出发，财政活动应满足社会共同需要。财政职能跨越了一般政府行为，是包含多种性质而非单一性质的政府职能。财政活动主体也并非是单一的，包括政府组织、企业社会组织和群众性自治组织；政府既是治理主体，也是治理对象；社会既是治理对象，也是治理主体；财政活动是一种社会参与式财政。关于财政学科属性，财政学科是一门以经济学为主导的多重交叉性学科。财政学理论体系建设应回归"治国理政"的初心，以"治国理政"为中心线索建立逻辑架构。总之，财政学学科建设的根本目标应是为国家治理现代化服务，实现这一目标的两大抓手则是科学研究和人才培养。

三、财政学学科的科学研究

财政资金的收支运动构成了财政学研究的主要内容。政府是财政收支的中介，财政资金收与支的最终来源与去向都是个人，因此，个人与政府之间的关系是财政学的研究内容之一。税收收入取得、财政支出预算安排、政府债务预算管理、政府财政信用等内容都是财政学研究无法回避的基础问题，这些是财政学研究者的共识。然而在解决这些问题方面，核心问题都是财政应当如何处理好个人和政府之间的关系。对于个人和政府之间关系，如何去理解这组关系，如何去建立对应的"国家观"和"政府观"，决定了财政研究的基本底色。

纵观财政学的发展历程，财政伴随国家的产生而产生的，政府是国家的实体形态，各级政府间的财政关系是另一个财政学研究的主要内容。目前的研究主要关注的是财政收入划分、事权与财政支出责任划分、政府间转移支付等，但是对中国"多级"（multi-level）

政府结构和欧美典型"多极"（multi-unit）政府结构的差异及其对财政基础理论构建的影响认识尚显不足，以此出发形成的政府间财政关系的理论创新成果较少，研究视角与范式有待进一步拓展。

在研究方法上，财政学的教学与科研中应当突出"循证"的重要性，把握科学研究的基本方法，切实增强财政科学研究的科学性和严谨性，打破不同学科之间的学术界限，克服单个学科视野与方法论的局限性。只有财政学的研究工具不断从技术革命中汲取新的养分，不断对新兴技术工具进行融合和运用，财政学的研究才能突破工具限制，更贴近财政现实，结果的应用性也才能相应提高。新技术革命的兴起产生了大数据、人工智能、云计算、机器学习等一系列新技术，部分技术已然运用到了财政学研究当中，如使用人工智能技术研究财政管理模式的优化、运用大数据等技术研究预算绩效管理的改革方案等。

四、财政学学科的人才培养

财政学专业致力于培养专业性极强的治国理政人才，因此，财政学的人才培养应秉承"规模适当，质量优先"的原则。财政学的研究内容广泛，需要融合不同学科的方法论，因此，财政学人才需要具备多学科复合型知识和技能。不但要求学生具备扎实的数理基础，还要有开阔的眼界和宏观的视野，熟悉社会、政治、行政管理等学科的主要理论，同时需要掌握会计、税收、金融、法律等基本实务知识。除此之外，学生的主观意愿、家国情怀与人生抱负也是决定其能否从事财政专业的重要因素。因此，在财政学本科教育阶段，应重视通识教育和基础知识讲授。在研究生教育阶段，强化对财政学理论和财政专业应用的训练，培养更多从事财政实践工作的优秀后备人才和从事高水平财政学教学与研究的专门人才，为我国财政事业发展和国家治理提供智力支持。这样才能使学生更好地吸收财政学专业知识并在实践中科学运用，毕业后服务于我国财政事业乃至国家治理事业。

财政学类专业属性和培养目标要求必须加强现实国情教育。在我国人才培养实践中，一方面，要通过财政学各门专业理论课程的教学，介绍我国财经发展现状，客观分析我国财税改革时代背景、发展脉络、历史进步及存在的问题，理性阐释中国特色社会主义财政理论与制度，使学生扎实掌握财政学基本概念、基本理论和基本方法；另一方面，要利用见习、实习、社会实践等教学环节，引导学生"读万卷书，行万里路"，对我国财政税收、公共投资、国有资产管理、社会保障等运行机制增进深入具体的理解。

主旨发言

ZHUZHI FAYAN

杨灿明

中南财经政法大学

除了三次分配之外,我国居民的现实生活中还存在着一种发生在家庭或者家族内部的分配方式,如遗产的分配、晚辈对长辈的赡养、亲属之间的赠予等。这种基于血缘亲情关系和代际转移所产生的分配方式可称为"第四次分配"。"第四次分配"既不按照市场规则,也不是行政命令,更不是社会慈善救助的范畴,在充分重视"第四次分配"缩小家庭内部、家族内部收入差距的同时,也应通过遗产税、赠与税等方式防止阶层固化,与前三次分配形成相互支撑。

四次分配与共同富裕

2021年8月17日,中央财经委员会第十次会议强调共同富裕是社会主义的本质要求,要在高质量发展中促进共同富裕。党的十九届五中全会要求"扎实推动共同富裕",明确提出"全体人民共同富裕取得更为明显的实质性进展",到2035年"中等收入群体显著扩大"。在实现了第一个百年奋斗目标"小康社会"之后,中国乘势而上开启全面建设社会主义现代化国家新征程,正在向第二个目标——"共同富裕"迈进。与第一个目标"快速做大蛋糕"相比,第二个目标"公平分配蛋糕"可能更加重要,又更加复杂和富有挑战性。如何成功避免收入分配结构的改善以总量衰退为代价的"索维尔陷阱",现有的分配制度在推进共同富裕中扮演了怎样的角色,如何进一步完备和完善现有收入分配体系?都是值得我们深入探究的问题。

中国特色社会主义市场经济体制下的三次分配制度包括初次分配、再分配和第三次分配。初次分配发挥基础性作用,由市场力量主导,强调竞争和效率。再分配在初次分配基础上进行,由政府力量主导，其更加注重公平，通过税收和政府实施的各种公共政策，着力解决社会发展中的不平等问题。初次分配和再分配之间层次有序，功能互补。第三次分配主要指以自愿、爱心、情感道德为基础的慈善事业，其对收入和财富分配的调节作用也越来越受到重视，随着经济社会的发展，基金会、慈善机构以及其他形式的社会组织不断涌现，成为促进第三次分配功能作用发挥的重要力量。构建初次分配、再分配、三次分配协调配套的基础性制度安排是促进共同富裕的重要途径。

实际上，除了上述三次分配之外，我国居民的现实生活中还存在着一种发生在家庭或者家族内部的分配方式，如遗产的分配、晚辈对长辈的赡养、亲属之间的赠予等。这种基于血缘亲情关系和代际转移所产生的分配方式可称为"第四次分配"。"第四次分配"既不按照市场规则，也不是行政命令，更不是社会慈善救助的范畴。"第四次分配"有着其坚实的经济学理论基础和现实基础。

"第四次分配"的经济学理论基础。"第四次分配"是家庭内部、家族内部的收入与财富分配，这里的家庭是指具有血缘关系的广义家庭，而不是狭义的户籍家庭，其最早的经济学理论可以追溯到恩格斯的《家庭、私有制与国家起源》。此外，基于经济学家贝克尔和基亚波里对家庭经济学的研究，利他主义、公共物品和集体决策这三个经济学概念构成了"第四次分配"的底层经济学逻辑

(Chiappori，1988；Becker，1991；Bourguignon等，2009）。利他主义使得家庭或家族内部的个体效用不是相互独立的，最明显的体现就是财富的代际转移和兄弟姐妹间互帮互助。某些类型的家庭消费均有公共物品属性，可行的解决方案通过集体决策机制为家庭或家族提供公共物品。涉及集体决策时，由于家庭内部成员或家族内部成员的偏好存在差异，阿罗不可能定理指出当成员偏好可知时，在满足四个社会选择公理时，不可能从个人偏好顺序推导出群体偏好顺序，这导致家庭和家族内部的集体决策往往取决于某一核心成员，最明显的特征就是家庭资源分配很大程度上取决于家庭中德高望重的长辈。

"第四次分配"的现实基础。从历史上来看，相比西方国家，我国源远流长的"家文化""孝文化""宗族文化"及其所形成的习俗、规范等在经济社会发展过程中发挥着重要作用。从实际数据来看，基于2020年中南财经政法大学中国居民收入与财富调查数据库（WISH），户均再分配收入均值约为437元，户均赡养支出均值约为891元，可以看出家庭内部的资源配置规模明显高于再分配规模。从现有政策来看，个人所得税中的赡养老人专项扣除，以及近日中共中央、国务院发布的《关于加强新时代老龄工作的意见》中所提到的将制定住房等支持政策以鼓励成年子女与老年父母就近居住或共同生活，这都体现了再分配对"第四次分配"的支持及其两者间的联动。从实证研究来看，大量研究考察了家庭家族之间的互助行为及其经济社会影响，例如，郭云南等（2014）发现宗族网络可通过促进劳动力流动进而缩小村庄内部收入差距，刘亚飞和胡静（2017）发现老年照料因各家庭成员特征差异存在分工不同，表现为"有钱出钱，有力出力"，等等。

相对于前三次分配所具有的社会性特点，"第四次分配"具有血缘性、家族性特点，由此会引起财富在家庭内部、家族内部的流动。因此，"第四次分配"对于缩小收入分配差距尤其是家庭内部、家族内部的收入差距具有重要意义。当然，在充分重视"第四次分配"缩小家庭内部、家族内部收入差距的同时，也应通过遗产税、赠与税等方式防止阶层固化，与前三次分配形成相互支撑。

简而言之，一次分配代表市场，立足竞争机制，强调经济效率；再次分配代表政府，运用行政手段，强调社会公平；三次分配代表社会，依靠慈善捐赠，强调社会和谐；四次分配代表家庭，突出亲友互助，强调家庭幸福。从这个意义上讲，"第四次分配"理念的提出，有利于我国收入分配体系更加完整完善，形成市场力量、政府力量、社会力量与家庭力量"四位一体"的收入分配体系，进而为全面建设社会主义现代化国家新征程中加快实现共同富裕贡献磅礴力量。

主旨发言

ZHUZHI FAYAN

王乔

江西财经大学

总结百年党史，传承"人民至上"的财政思想，我们必须坚定不移地推进财政制度改革。第一，找准新时代财政定位，服务经济社会高质量发展；第二，明确新时代税收职能，加快完善现代税收制度；第三，聚焦共同富裕目标，突出保障和改善民生；第四，形成一揽子工程，推进财政金融货币政策共同发力。

传承"人民至上"的财政思想，坚定不移推进财政改革

党的十九届六中全会全面总结了党的百年奋斗历程、重大成就和历史经验。学习会议精神，我们深刻地感受到，"以人民为中心"的主线始终贯穿其中。"人民"两字在全会《决议》3.6万余字中出现249次之多，应该说是鲜明夺目、力压千钧。习近平总书记指出，"党的根基在人民、血脉在人民、力量在人民，人民是党执政兴国的最大底气"。建党伊始，中国共产党人就把追求民族解放和人民幸福的奋斗目标体现在财税政策上，始终将"人民"作为财政工作的出发点和落脚点。"人民至上"成为贯穿于国家制度和国家治理体系的中心主线，成为党的百年历程中财政工作的本质特征。

财政是国家治理的基础和重要支柱，是党和国家的"钱袋子"，关系到千家万户和各行各业的利益得失。中国共产党胸怀中国最广大人民的根本利益，并将这种利益体现在国家财政治理的各项决策当中。1921年7月党的"一大"纲领提出，"消灭资本家私有制，没收机器、土地、厂房和半成品等生产资料"。1922年7月党的二大

宣言提出,"废除丁漕等重税""废除厘金及一切额外税则""改良教育制度,实行教育普及"。这些规定的核心在于站在人民的立场,领导广大工农群众翻身作主人。革命战争时期,根据地实行新的财政政策,打击土豪劣绅,筹款募集战争经费,发展经济保障供给,以"小米加步枪"的方式取得打败日本帝国主义侵略和推翻国民党反动派统治的最终胜利,解决了中华民族生死存亡的关键问题。

全国解放后,财政工作坚持"一要吃饭,二要建设"的统筹兼顾方针,首先保证人民生活的需要,然后再根据需要和可能拿出资金搞建设。改革开放后,我国经济持续快速发展,特别是党的十八大以来,我国经济实力显著增强,我们有能力有实力投入更多的财政资金重点解决民生问题,全面取消农业税,取得脱贫攻坚战全面胜利,推进教育事业跨越式发展,建立覆盖全民的社会保障体系。人民财政为人民,有了国家财政的强大保障,人民群众整体福利水平、自信心和凝聚力全面提升。

习近平总书记强调,"人民对美好生活的向往,就是我们的奋斗目标""共产党打江山、守江山,守的是人民的心,为的是让人民过上好日子"。总结百年党史,传承"人民至上"的财政思想,我们必须坚定不移地推进财政制度改革。

第一,找准新时代财政定位,服务经济社会高质量发展。习近平总书记指出:"正确认识党和人民事业所处的历史方位和发展阶段,是我们党明确阶段性中心任务、制定路线方针政策的根本依据。"党的十九届五中全会提出，全面建成小康社会、实现第一个百年奋斗目标之后，我们要乘势而上开启全面建设社会主义现代化国家新征程、向第二个百年奋斗目标进军，这标志着我国进入了一个新发展阶段。把握新发展阶段、贯彻新发展理念、构建新发展格局、推进高质量发展是深化财政制度改革的基本方向。党的十九大从全局和战略的高度强调加快建立现代财政制度，明确了深化财税体制改革的目标要求和主要任务。加快建立现代财政制度，必须突出财政工作的"人民性"，坚持"人民至上"价值导向，进一步健全财政体制、预算制度和税收制度，加快建立权责清晰、财力协调、区域均衡的央地财政关系，建立全面规范透明、标准科学、约束有力的预算制度，切实加强财政资源统筹，重视和防范重大财政风险。

第二，明确新时代税收职能，加快完善现代税收制度。当前，我国社会主要矛盾是人民日益增长的美好生活需要和不平衡不充分的发展之间的矛盾。解决主要矛盾的支柱是财政，基础在经济，关键靠发展。经济高质量发展必须突破传统路径依赖，突出产业升级、创新驱动，是高效、环保、节能、智慧、高附加值、全面可持续的发展。税制改革必须切实有利于增强实体经济活力，推进企业创新发展，服务产业优化升级，服务经济高质量发展。《中共中央关于制定国民经济和社会发展第十四个五年规划和二〇三五年远景目标的建议》提出"完善现代税收制度，健全地方税、直接税体系，优化税制结构，适当提高直接税比重，深化税收征管制度改革"等纲领性要求，每个方面都有丰富内涵。我们必须紧密结合经济高质量发展的要求，加强税制改革的顶层设计和整体谋划，增强系统性、整体性、协同性。当前而言，房产税的总结与走向问题、央地财权事权划分问题、数字服务税征收和平台异地纳税问题，都必须引起我们的高度关注。

第三，聚焦共同富裕目标，突出保障和改善民生。党中央强调，人民对美好生活的向往就是我们的奋斗目标，增进民生福祉是我们坚持立党为公、执政为民的本质要求。改革开放以来，党带领人民实现了从温饱不足到总体小康、奔向全面小康的历史性跨越，不断推进学有所教、劳有所得、病有所医、老有所养、住有所居，促进社会和谐稳定。"十四五"时期，补齐民生保障短板、解决好人民群众急难愁盼问题是社会建设的紧迫任务，也是财政改革的基本方向。我们要继续强化税收调节功能，完善直接税制度并逐步提高其比重，增强调节力度和精准性；继续实施积极的财政政策，顺应经济发展变化和市场主体亟须丰富政策内涵（如合理确定赤字率水平，扩大政府投资规模，实施减税降费）；继续加大支持中西部地区发展力度，加大教育、文化、医疗、卫生、社保、就业等方面的财政投入。

第四，形成一揽子工程，推进财政金融货币政策共同发力。要用统筹兼顾、普遍联系的视角看待财政与人民的关系、财政与其他领域工作的关系，将财政工作融入推进政治、经济、文化、社会、生态"五位一体"的总布局当中，综合施策，一体发展。要不断完善宏观经济治理方式，创新宏观调控思路，加快完善和提高税收立法，增强税法的权威性和合理性，降低税收的成本和执法难度；实施积极的财政政策和稳健的货币政策，推进简政放权、放管结合、优化服务；坚持金融为实体经济服务方向，全面加强金融监管，防止资本无序扩张，防范化解经济金融领域风险，激发各类市场主体特别是中小微企业活力；要稳步深入推进财政金融货币综合改革，形成一揽子政策措施，发挥政策组合的乘数效应。

主旨发言

郭庆旺

中国人民大学

财政基础理论,从某种程度上说,可简要地归纳为有关财政起源、财政本质、财政职能及其实现方式方法的理论,特别是财政职能及其实现方式方法的理论更加具有现实意义。20余年来,学术界——包括经济学界和政治学界,就政党政治、政府意识形态对财政行为是否有影响以及有怎样的影响展开了实证研究。从结果看,执政党的理念不同,导致政府的工作重点不一样,财政支出结构不一样、规模不一样、筹措资金的方式也不一样。

党的执政理念与财政基础理论

　　财政基础理论，从某种程度上说，可简要地归纳为有关财政起源、财政本质、财政职能及其实现方式方法的理论，特别是财政职能及其实现方式方法的理论更加具有现实意义。2017年我在《财政科学》编辑部主办的"学习党的十九大精神暨新时代中国特色社会主义财政理论创新"专题研讨会上，以"以习近平新时代中国特色社会主义思想指导新时代中国财政理论创新和财政制度建设"为题作了一个简要发言，其中谈到中国特色社会主义与我国财政理论创新时提出，"中国特色社会主义"从经济角度来说至少包括三方面的内容，即"以经济建设为中心""巩固和发展公有制经济"以及"市场在资源配置中起决定性作用"，要至少围绕这三个方面来构建中国特色社会主义财政理论。后来，王艺明教授曾对此进行了拓展分析。

　　现在我想再从政治角度特别是政党政治角度，提出可尝试根据中国共产党的执政理念来探求中国特色社会主义财政基础理论的创新与发展。

　　众所周知，《中华人民共和国宪法》和一系列马克思主义的纲领性文献都旗帜鲜明地规定了"中国特色社会主义"的政治属性,我将其大致归结为三个层次:第一,"中国共产党领导是中国特色社会主义最本质的特征"。第二,"坚持党对一切工作的领导。党政军民学,东西南北中,党是领导一切的"。第三,"党中央集中统一领导是党的领导的最高原则,加强和维护党中央集中统一领导是全党共同的政治责任,坚持党的领导首先要旗帜鲜明讲政治,保证全党服从中央"。而中国共产党的执政理念始终是"全心全意为人民服务""以人为本""以人民为中心""坚持人民主体地位,坚持立党为公、执政为民"。因此,人民的意志必将转化为党的意志,党的意志转化为国家意志,国家意志转化为政府行动,政府行动转化为财政行为。显然,从"政"的角度来看,党的意志和执政理念无疑会决定着或者在相当大程度上决定着财政职能及其实现方式方法。

实际上,20余年来,西方学术界,包括经济学界和政治学界,已经出现了这样一类文献,就政党政治、政府意识形态对财政行为是否有影响以及有怎样的影响展开了实证研究。大量结果表明,执政党的理念不同,导致这期间政府要重点做的事情不一样,财政支出结构自然也就不一样,甚至财政支出的规模不一样,筹措资金的方式不一样。比如,针对OECD国家的许多实证分析表明,同右翼政府相比,左翼政府的财政支出规模通常更大(Cusack,1997;Pickering & Rockey,2011),在社会性支出上花费更多

(Herwartz & Theilen, 2014; Savage, 2019), 更倾向于对资本课税而非对劳动课税（Swank & Steinmo, 2002; Angelopoulos et al., 2012），等等，不一而足。不过，西方的"多党轮流执政"经常造成政府行为多变，致使财政政策缺乏连续性和稳定性。

总之，自新中国成立以来，中国共产党作为长期执政的马克思主义政党，党的意志、执政理念在到目前为止的14个"五年计划（规划）"和历年政府工作报告中都得到充分体现和贯彻落实。党在社会主义革命和建设时期、改革开放和社会主义现代化建设新时期以及党的十八大以来中国特色社会主义进入新时代，面临的主要任务不同，必将决定财政职能及其实现方式方法有所差异。这也许是我们未来的一个研究方向。

主旨发言

ZHUZHI FAYAN

马骁

西南财经大学

我们还没有真正形成中国特色、中国风格、中国气派的财政学科体系,尚未摆脱"财政学的旧逻辑"。至少从学科建设的角度讲,财政学科还没有突破经济学科的局限,依然是经济学思维主导的财政经济学。现实中的财政问题从来都不仅仅是经济问题,而是跨越经济、政治、社会、文化和生态文明等多个领域的综合性问题。因此,对具有显著综合性特征的财政问题的分析、理解直至解决必须坚持多学科、跨学科和超学科的综合研究视野和方法集成。

超越局限：中国财政学科建设的根本方向

在这个疫情防控的特殊时期能在云端相聚、共商中国特色社会主义财政理论创新与财政学科建设，实赖现代信息技术，全仰仗中国财政学会和教育部普通高等学校财政学类专业教学指导委员会超越局限、快意合作，全仰仗上海财经大学公共经济与管理学院卓越的筹备工作。衷心感谢大会组委会盛意邀请，下面就中国财政学科建设谈些老调，敬请各位斧正。

一、财政学科现状概要

刚才各位专家都对中国财政学科的发展作了高屋建瓴的展望，各自团队都做了或正在做有意义的探索，产生了像《公共财政概论》《公共风险财政学》《中国财政学发展报告》等极具影响力的成果。中国特色社会主义财政学科正在告别经济学传统，综合化趋势正在形成。这的确鼓舞人心。我也曾在具有转折意义的廊坊会议上就财政学科建设作过一些陈述，并在浙江大学、山东大学、厦门大学等场所持续为中国特色社会主义财政学科的综合化发展鼓与呼。今天重谈老调，只为了鼓与呼。发言题目是：超越局限。

毫无疑问，在一代又一代财政学先贤大师的努力下，在各位同仁的努力下，中国特色社会主义财政学科建设取得了辉煌成就。概而言之，中国特色社会主义财政学科推动了社会主义革命和建设时期、改革开放和社会主义现代化建设时期、中国特色社会主义新时代的财政实践，培养了一批又一批的财政学"门徒"以及我国财政、税收、财务管理方面的专家和骨干，发表了海量的财政理论文章。在看到成绩的同时，还应直面一个难以回避的现实：我们还没有真正形成中国特色、中国风格、中国气派的财政学科体系。诚如刘尚希院长所言：尚未摆脱"财政学的旧逻辑"，至少从学科建设的角度讲，我们的财政学科还没有突破经济学科的局限，依然是经济学思维主导的财政经济学。究其原因，也许在于改革开放后，我们多多少少放大了市场经济的共性、财政的共性和市场主体的共性，在有意和无意中忽略了支撑财政理论生成的财政实践内在巨大的本质区别。换句话说，就是在有意和无意中忽略了中国特色社会主义市场经济与英美等西方国家的市场经济在制度基础、经济条件、外部环境、文化传统等方面的巨大差异，从而未能从根本上动摇西方财政理论范式的思想基础，未能突破西方财政理论的影响。虽然，在改革开放初期，学习、借鉴、使用西方财政理论就如同引进先进科学技术一般也是一个合理的策略，但现在是改变这一策略的时候了。改变是一种共识，也是一种行动。2018年中国财政学会在河北廊坊召开的"新时代中国特色社会主义财政基础理论研讨会"集中开启了反思财政学旧逻辑、探寻财政学新逻辑的先河。

二、超越局限的几点思考

众所周知，现实中的财政问题从来都不仅仅是经济问题，而是跨越经济、政治、社会、文化和生态文明等多个领域的综合性问题。一旦坚持问题导向，则传统的以经济学思维主导的财政经济学的知识结构与研究范式将力不从心，客观上会要求我们财政学者必须与利益相关者、其他学科科学家进行对话与交流，即解决现实中的具有显著综合性特征的财政问题必将依赖相关的人文社会科学和自然科学的融合。换言之，对具有显著综合性特征的财政问题的分析、理解直至解决必须坚持多学科、跨学科和超学科的综合研究视野和方法集成。《新文科建设宣言》也明确指出："新科技和产业革命浪潮而至，社会问题日益综合化复杂化，应对新变化、解决复杂问题亟须学科专业的知识整合，推动融合发展是新文科建设的必然选择。"

一是要坚持马克思主义为指导。马克思主义是我们研究具有显著综合性特征的财政问题的根本指导思想。坚持以马克思主义为指导，贯彻落实习近平新时代中国特色社会主义思想，既是建构中国特色社会主义财政学科的必由之路，也是中国特色社会主义财政理论区别于西方财政理论的根本标志。

二是要立足于中国财政实践。实践是现实的、也是历史的。现代中国的财政实践既与历史上的财政实践相互联系相互区别，也与西方国家的财政实践相互联系相互区别。这种联系主要表现为都以政府财政收支为主要表征，区别却是内在的本质的。仅就中国财政实践与西方国家财政实践的区别来说，本质上是国家观念、制度基础、经济条件、外部环境、文化传统、行为主体等方面的区别，以及由此决定的财政本质、财政职能、财政运行机制、财政制度与财政政策目标等方面的区别。我们的国家观念与西方的国家观念始终是不同的，而且这种不同早已深入我们的血液。关于中西国家观念区别的描述，我赞同如下论断：西方文化里的国家主要包含土地、公民与主权，我们虽然认为这三大要素在国家构成上自然不可或缺，但是又超越了"土地、公民与主权"三大要素。自古以来，我们都强调"古之欲明明德于天下者，必先治其国；欲治其国者，必先齐其家；欲齐其家者，必先修其身"，个人、家庭、国家、天下都一体化了。所以说我们的国家观念是一种"家国"同构的、道德的、必然要达成天下的国家观念。修身、齐家、治国、平天下就是要明道、行道。明道、行道便是明明德，即发扬道德精神，达到人类社会应有的最高可能的理想生活状态。关于我们的制度基础与西方国家的制度基础的本质区别更加明显。我们的制度基础包括：中国特色社会主义制度，包括人民代表大会制度的根本政治制度，中国共产党领导的多党合作制和政治协商制度、民族区域自治制度、基层群众自治制度等基本政治制度；社会主义市场经济体制的基本经济制度，公有制为主体、多种所有制经济共同发展的生产资料所有制，按劳分配为主体、多种分配方式并存的分配制度；以及建立在这些制度基础上的文化、社会、法律等制度。人民当家作主是社会主义民主政治的本质特征；中国共产党领导是中国特色社会主义最本质的特征和最大优势。由于时间所限，不再赘述其他差异，但仅就国家观念、制度基础的区别来说就必然会导致我国的国家体制、政府性质、政府价值与行为方式区别于西方国家。由此推之，研究财政活动参与者及其相互行为关系的财政学科必然也会相互区别。建构中国特色社会主义财政学科必须立足于我国的财政实践，核心是综合运用政治学、经济学、法学、管理学、社会学、心理学、理学、工学等不同学科的思维、知识与方法来研究具有显著综合性特征的财政问题。只有这样，中国特色社会主义财政理论才能具有更加强大的解释力并引领中国特色社会主义新时代的财政实践。

三是要优化财政学课程设置体系。人才培养是学科建设的重要内容。在人才培养方面，需要重新思考财政学类专业的人才培养目标与规格，以增强人才培养目标的适应性；需要优化课程设置体系。最根本的是贯彻素质教育理念、超越经济学传统与局限。这几年，西南财经大学财政税务学院像许多兄弟院校一样也在进行有益的探索，税收课程大量引入法学的思维、知识与方法，并由财政税务学院的教师和法学院的教师来同上一堂课；同时，有序推进"数字财税"微专业建设。总之，要培养具有跨学科、跨专业意识和思维方式、知识结构和解决具有显著综合性特征的财政问题的能力的中国特色社会主义财政学科的新"门徒"和中国特色社会主义新时代的财政、税收管理者，就必须优化课程设置体系。

四是要切实打破传统"科学共同体"的壁垒。大力推动财政学者与其他学科科学家的对话，关键是把其他学科的优秀学者吸引进来，组建跨学科、跨专业的研究团队。

三、小结与展望

随着中国特色社会主义不断完善与发展，随着国家治理现代化进程的不断深入，和平、发展、公平、正义、民主、自由的全人类共同价值更加深入人心，中国特色社会主义财政学科必将朝着更趋近现实世界的本来面貌延伸，即扩大研究范围、运用新的分析工具、转变研究视角、进行多学科跨学科乃至超学科研究和人才培养。

我坚信，只要坚持以马克思主义为指导，贯彻落实习近平新时代中国特色社会主义思想，以中国财政实践为基础，按照立足中国、借鉴国外，挖掘历史、把握当代，关怀人类、面向未来的思路，超越财政学的经济学传统的局限，走向综合化，中国特色社会主义财政学科建设成就必将更加辉煌。

主旨发言
ZHUZHI FAYAN

钟晓敏

浙江财经大学

近年来,很多财政基础理论研究往往都是工具导向的研究,用通用的分析工具来分析中国的情况。而一旦形成了这样研究的习惯,一方面工具偏向寻找的问题通常是非大问题;另一方面,真正要研究的大问题,如研究重大现实问题、服务国家社会经济发展及治理需要的重要问题就会被忽略。财政基础理论创新需要多学科的合作,进行交叉研究。

关于财政基础理论研究与人才培养的探索

我今天要讲的主要是三个问题：

即要更加重视基础理论的研究；要区分财政学与财政管理；要重视学科建设中的人才培养，即新财经人才的培养。

第一个问题是要更加重视基础理论的研究。科学研究，无论是自然科学还是社会科学，都可以从两个方面进行研究：一个是问题导向，另一个是工具导向。近年来，由于我们逐步掌握了国际上通用的研究方法和分析工具，所以很多研究往往都是工具导向的研究，用通用的分析工具来分析中国的情况，也就是把中国的数据分析一下。而一旦形成了这样的研究习惯，一方面工具偏向寻找的问题通常是非大问题；另一方面，真正要研究的大问题，如研究重大现实问题、服务国家社会经济发展及治理需要的重要问题就会被忽略，而且这样的大问题需要多学科的合作，进行交叉研究。至于研究对象和研究背景当然是来自于中国的财政现象和财政问题，这是毋庸置疑的。但如何对中国财政现象和财政问题进行解读是大有学问的，如果只停留在表面的中国特色上而无深入分析，不能上升到一般性的总结，是很难服人的。相反，缺乏一般性的解释，片面强调中国特色反而使中国故事变成中国特例，缺乏一般性，就会缺乏解释力，从而缺乏可复制性。如果要摆脱"特例"的困境，就必须要把中国故事总结提列并上升到一般性的高度，使之具有普遍价值。而进行这方面的研究，我们就要提倡"为学术而学术""为理论而理论"的研究，不能太有功利主义的思想，起码不能有近期功利主义的思想。记得2007年的诺贝尔奖获得者美国经济学家马斯金教授最初研究机制设计问题时，是一个纯学术研究，根本没考虑到它在现实中的应用。他研究的缘由是想比较市场经济和计划经济在利用信息上的效率问题。但后来机制设计这个理论被广泛运用到现实中，如拍卖市场上对艺术品的拍卖，对无线频谱等的产权拍卖，等等。而且，纯理论的研究也是符合学科自身发展的需要，它的研究更具有外部性，所以更应该得到鼓励和支持。从事纯理论研究，为学术而学术的研究人员更应受到尊重和敬佩，要确保他们基本的生活待遇，能让他们做到有尊严地工作、研究和生活。

第二个问题是要区分财政学与财政管理，这好比经济学和经济管理是不一样的。财政学作为一门学科或者一门课程，它的内涵特征应该是属于经济学范畴，因为它研究的主题还是经济学的基本问题。但现实中的财政管理或财政工作显然更为复杂。而政府的文件包括党的十八届三中全会决定等往往是从财政管理的角度和财政在现实中的作用发挥来定位的。从培养财政专业人才的角度考虑，我们的专业培养方案倒是应该要包含从事财政管理工作所需的知识结构和课程体系。比如要包括公共管理、法律、社会学、政治学、会计财务等领域的知识和相应的课程。一个专业往往要有几个学科的支撑，同样，一个学科也可以去支撑几个专业。而学科对专业及人才培养的作用主要体现在学科中科学研究的成果如何转化为对专业的建设和人才的培养上，一条比较可行的路径是通过课程建设和教材建设来实行学科对专业的支撑。

第三个问题是结合我校新财经人才培养，谈谈我校财政专业人才培养中探索的两个方面，即我们开设了数智财政和数字财经新闻两个方向。数智财政侧重于财政学与大数据、人工智能等方面的融合。数字财经新闻是我们学校财政专业的特色，财政学与新闻传播学的融合，已经搞了二十多年了，比数智财政更为灵活一点，同时注意现在的数字化特性。

今天我要重点介绍我们今年启动的数智财政这个专业方向的人才培养方案。财政学（数智财政）创新班推行跨学院人才培养模式，旨在培养践行社会主义核心价值观，具备扎实的财税知识、熟练运用现代信息技术，掌握经济学、大数据科学、人工智能等基础理论知识，具有较强的数据分析能力，具备互联网思维、数字化思维，适应现代公共部门创新和发展的需要，富有强烈的社会责任感、公共意识、国际视野和创新精神，具有较强创新能力和未来领导潜质的复合型高端人才。同时具备从事数字经济、数字财政等专业领域的研究和继续深造的潜力。

它的核心课程分为学科必修课、学科选修课、专业必修课和专业选修课。

学科必修课包括：政治经济学、微观经济学、宏观经济学、基础会计、财政学、计量经济学、大数据技术导论、人工智能导论、Linux操作系统原理与应用等。

学科选修课包括：中级微观经济学、金融学、数据可视化、中级财务分析、Python数据分析等。

专业必修课包括：中级公共经济学（英语）、中国税制、政府预算、统计学、计量财政学、大数据技术原理与应用等。

专业选修课包括：宏观经济政策分析、政府会计、财政管理、地方财政学、财税政策分析、运筹学、数学建模、数据库技术与应用、大数据安全与隐私保护等。

数智财政专业课程的特色是"新基础""重分析""促融合"。新基础是指在传统经济学和财政学之外，引入现代大数据和人工智能相关基础。为此，新开设《大数据科学导论》《人工智能导论》《大数据技术原理与应用》和《机器学习》。此外，整个课程体系更加侧重培养学生的数据分析能力。为此，开设《计量财政学》加强微观计量方面的训练。同时开设《Python数据分析》和《数据可视化》，加强学生大数据分析能力。最后，促进大数据技术和财税知识的融合，开设了《大数据技术与财税政策分析》《人工智能实践——数字经济应用实践》等课程。同时删减了《公共管理学》《社会学原理》《政治学原理》《国际经济学》《经济法》等传统课程。

在培养模式上，创新班的学员构成采取全校范围内选拔，强调小班化，人数不超过30人，并专门设置了荣誉学院。相比传统班级仅有单一的专业综合导师，每位创新班学生配备综合导师组：包括专业综合导师、联合专业导师以及社会导师，全方位立体化地指导学生。我们希望通过这样的培养探索财政专业新财经人才的培养，并做到可复制、可推广的特色。另外，新财经人才培养中一个很重要的方面就是课程体系的建设，以及相应的教材建设。把学科建设的成果服务于人才培养就是要通过相应的教材和课程建设来实现。学科支持专业建设，支持人才培养最有效的途径就是通过课程的建设，通过教材的建设，落实到专业人才培养上。

主旨发言

ZHUZHI FAYAN

杨志勇

中国社会科学院

关于财政理论研究,可以有不同的角度不同的方法,但最重要的是需要研究真问题。越是真问题,越是重大财政问题,越能推动财政基础理论的创新。繁荣财政科学,应该把更多的时间用在研究真正的问题上,而不是泛泛地为学术而学术,财政基础理论应该坚持问题意识,要真正认识和把握中国财政问题,才能形成好的财政研究成果。

重大现实财政问题推动财政基础理论创新

财政学发展的问题确实非常多,我们在学生培养过程中,特别是博士生培养的过程中经常遇到一个极难的问题。每一次博士论文答辩前的论文送审都要经历两种人的挑战:一是传统财政学界的专家的挑战,他们需要的是理论体系的完整,然后再讲问题;另一种是海归或者受更多现代经济学背景影响的人的挑战,如果没有论文没有实证分析就很难通过。人才培养的最后一个环节如此困难,不少人都深有体会。任何一个人要同时处理好这两件事都不容易。这个难题反映的是财政基础理论还不够扎实的问题,是财政学发展方向不明确所带来的。我希望尽快能有一个相对稳定下来的财政学理论体系,然后大家做财政研究或者做别的财政工作都能够更有效率一些。讨论财政基础理论,也是在为中国财政学和财政学界的发展提供一种公共产品。

我一直在研究财政基础理论,中国财政学会会刊《财政研究》2017年第12期刊载了我的一篇财政学的基本问题的文章。我把财政学的基本问题归结为四个方面,这里复述下,即:第一,财政学的边界在哪里?第二,私人与公共的关系是什么?第三,财政政策评价的标准是什么?第四,国家财富管理的奥秘何在?四个问题是基本问题。既然是基本问题,那么强调下,基本问题不一定有标准答案,但是大家研究的问题,好多要围绕这些基本问题进行,当时主要是这样一个想法。

财政基础理论创新不会是空想的产物,重大现实问题研究推进财政基础理论创新。财政学在发展过程中,遇到了很多问题。这些问题怎么解决?各说各的,各种答案可能都有,但是无论如何,我们发展基础理论就是要解决重大现实问题。坚持理论创新,解决现实问题,促进理论创新。我们要回答时代命题,如果不能回答时代命题,那么理论就缺乏活力,缺乏生命力。重大现实财政问题的研究和推进财政基础理论创新,是一个问题的两个方面。下面,我围绕几个具体问题谈点认识。

一、财政安全与财政基础理论

立足新发展阶段、贯彻新发展理念、构建新发展格局、推动高质量发展,这就是"三新一高",在这样的背景下,需要解决统筹安全与发展的问题。

统筹安全与发展的问题，对财政研究提出什么新要求，需要我们认真思考。在很长一段时期内，我们对安全问题研究不够，往往只是说到财政的可持续性，说到财政政策空间。财政运行得正常当然很重要，但这还很不够。财政安全研究的高度需要进一步提升，这么做也符合"财政是国家治理的基础和重要支柱"定位的要求。

我们不能一方面说财政学研究不等于经济学研究，另一方面仍停留在狭隘的经济学视角的研究上。再延伸出去，可以进一步拓展财政安全学的研究，除了财政正常运行之外，还应该找到财政与经济、社会、政治、文化、生态文明建设的接口，从更广泛意义上找到财政在国家安全中的定位，并加强财政安全规律的研究。财政安全与经济安全，至少涉及当前热议的产业链供应链安全问题。产业安全在一定程度上就是经济安全，财政可以在促进经济安全上做些推动工作，但相关研究还不够。当然，经济安全不只是产业安全。再如生态文明建设，最终目标是综合的。没有良好的生态环境，我们得到的最终可能都会失去，但是生物多样性、碳中和等问题，看似与人们的日常生活没有太直接的关联，人们很容易忽略，这也说明这方面的研究还不够。对于财政学者来说，生态文明建设必然涉及大量生态科技问题，这也在一定程度上抬高了研究的门槛，但是将财政安全与生态安全联系起来进行研究，已是现实亟须。财政安全与其他安全之间的关系，还有许多，这里不再罗列。总体来看，财政安全研究还很薄弱，有的领域甚至还没有触及，相关研究任务还很繁重。

二、宏观经济治理与财政基础理论

宏观经济治理，包括财政政策和货币政策的实施。财政金融问题为什么经常在一起讲？那一定有它的源头。从计划经济时期或者改革开放初期我们讲国民经济综合平衡，再到后来过渡到社会总需求和总供给平衡，都需要财政金融共同发挥作用。我们说国内外双循环，实际上仍然需要经济稳定，需要经济增长。超越经济指标看问题，是要突破唯经济指标的局限性，并不是不要经济指标。以经济建设为中心，更不可能不看经济指标。宏观经济治理要求有新的财政基础理论。财政是经济基础还是上层建筑？这一问题财政学界曾经有热烈的讨论。财政学被视为经济学的一个分支，一度有人认为财政政策都不应该属于财政学的研究范畴。当然，现在不会这么说了。财政研究要突破学科界限，财政研究首先是问题研究。学科划分本来是为了研究的方便，为了提升科研和教学效率而进行的分工，但不能画地为牢，不能让僵硬的学科思维阻碍真问题的研究。

有一段时间，现代货币理论（MMT）很流行。财政金融关系如果真的是能根据这样的理论来确定，那么中央银行的地位和机构设置都需要重新思考。财政与货币有直接关系，主权货币是国家发行的货币，中央银行利润要上缴财政部，但是这不是说中央银行要完全执行财政部的命令。财政部和中央银行的分工协作问题仍然需要深思。数字货币未来走向如何？需要认识和把握数字货币运行规律。货币在商业交易中本质上扮演的是信用工具的角色。如果市场主体信任某种媒介物，那么数字货币还会是一国中央银行就能主导的吗？实际上，这样的问题也不是全新的。在传统经济中，各国货币本来就有竞争关系，有的国家的货币就是硬通货，有的国家的货币就是不被认可。数字经济时代的到来，货币或类货币功能的代币之间的竞争可能会更加激烈，倘若如此，货币政策怎么实施，必然面临更多的挑战。相应地，财政政策与货币政策的协调配合又该如何进行呢？现在，我们需要提出更多的问题，未雨绸缪，应对未来的挑战。

最近二三十年，中国财政学界似乎形成了另一个"传统"，经常说这不是财政学的研究领域，那也不是。可是，如果这样的话，那么财政学还有存在的意义吗？当今世界，政府活动的领域仍然很大，没有财政学不可想象。政府干预经济，不了解市场主体和市场运行状况，怎么进行研究？政府和社会的关系的连接，有很大一部分需要通过财政。不懂得社会运行状况，怎么发挥财政的作用？当然，这不是说财政学可以替代一切，但财政学研究不能对什么都"退避三舍"。宏观经济治理当然从根本上说是经济问题，但现实中经济问题经常反映出来其他各领域存在的问题。社会发展的结果已经在很大程度上要求有新的宏观经济治理理论。宏观经济学研究争议很大，谁也说服不了谁，这种状况至少说明现今的宏观经济治理理论是有缺陷的，还不能令人满意。全球化视角的宏观经济治理理论更是短缺产品，需要有财政学界的声音。

三、实现共同富裕与财政基础理论

在实现共同富裕目标中，财政已经并将继续扮演重要角色。通常所说的三次分配，至少在中国都有财政的力量。在国际上，收入再分配财政发挥作用较多。中国初次分配之所以财政可以发挥更大作用，与国有资本、国有资源、国有土地较多的国情有关，在生产资料公有制背景下，财政的活动领域更多地介入初次分配领域。这里有更多的国情因素。这样的问题在生产资料私有制的发达国家不是重要问题，不会得到深入探讨。但对于中国来说，这样的问题是不能回避的。财政基础理论研究应该研究本土问题，这是构建中国财政学所不可或缺的一部分。第三次分配中国刚刚起步，公益性捐赠研究还很薄弱，财政在其中发挥什么作用，机制怎么样，需要更深入的研究。即使是再分配，也有中国的国情在内。

在实现共同富裕中，财政能扮演以及应该扮演什么角色呢？共同富裕首先是个经济问题，没有经济增长，就不可能有富裕，没有富裕，谈何共同富裕？共同富裕还是社会问题，是政治问题，相关研究可以视为财政社会学、财政政治学的一部分。实际上，经济学视角的财政学不可能脱离公平，从经济学视角理解公平，与社会学和政治学有不少相通之处。况且，超越经济学视角的财政学有更大的优势。

财政基础理论能为实现共同富裕提供什么支撑，是最为迫切的问题。它关系到收入分配和财富分配怎么进行。关于共同富裕，目前大量研究关注物质财富，而对精神财富关注不够。当然，过去，我们更多讲精神力量，这似乎有点矫正过头的感觉。事实上，物质财富和精神财富一个都不能少。对于具体的个人来说，有人更看重物质财富，有人更看重精神财富，这无可厚非。这也直接决定了一个人的就业选择。不同行业的物质报偿和精神回报是不一样的。我们在科研行业，工资薪金的回报远低于金融业，但这本身可能不是大问题，只要科研行业的物质回报不是特别低，那么科研行业的精神产品所带来的回报就可能弥补。这里还涉及财富观问题。在大家都很穷的年代，对物质财富看得可能更重一些。当物质财富增多，温饱问题解决了之后，更多人可能更关心精神财富问题，因为物质财富的享受是有限的，所谓"广厦万间，夜眠七尺；良田千顷，日仅三餐"。当人们更多地享受到自己创造财富并享受财富的乐趣时，当人们把劳动当作第一需要时，对财富的看法势必发生改变。一个社会的财富观是社会演变的产物。实现共同富裕，需要我们更多地关注财富观的演变，并将其融入财政基础理论研究，形成相应的财政分析框架，用于共同富裕问题研究。

四、财政学科属性与财政基础理论

关于财政基础理论，我们一而再、再而三地遇到学科属性问题。财政政治学、财政社会学、财政伦理学、发展财政学、制度财政学、行为财政学等新的财政学分支不断地提出来，这是学科繁荣的好现象。当然，财政学的分支还可以继续罗列下去。财政学长期置于经济学之下，我们经常强调经济学、政治经济学是财政学的基础学科。显然这是不够的，财政法学也可以算一个分支，是财政学和法学的交叉领域。无论如何，如果用现在的学科划分来看待财政学，那么财政学必定是交叉学科，财政研究一定是交叉学科研究，特别是财政的国家治理基础支柱说提出之后就更是如此。

关于学科划分，我的理解它只是为了问题研究的方便，让有共同爱好的人们一起来研究，突出分工的优势和效率。但是分工不是分裂，分工的同时还不能忘了和其他学科的合作。学术分工是现代学术进步使然，但如果我们自己划定这个问题只能某个学科来研究，有的时候就会自缚手脚。现实问题已经推进到了不能仅从一个视角来研究的程度，那么这需要的是跨学科多视角的综合研究。

对于科研机构，学科划分问题不大，科研人员直接研究问题就好，学校和学生培养问题可能就较多。学科和专业的划分直接影响教育资源的配置，从而影响学科和专业的发展。作为财政基础理论，我们需要解决一些方法论问题。方法是解决问题的方法，这里需要更多的共识。在理论发展中我们遇到很多问题，比如刚才讲到博士论文送审的时候就遇到一个定性分析与定量分析的相互排斥问题。我的理解是，不管什么风格的论文，只要研究扎扎实实，体现工作量，就是有贡献的，贡献当然可能有大小之分。一个人已经做了很扎实的工作，然后得到的评价是你没有研究，这是不合理的。

不同研究方法实际上代表的是对不同方法的信仰。不同方法代表着不同人对财政学研究方法的不同信仰而已。2021年诺贝尔经济学奖颁给了研究因果分析的学者，但是什么时候能够真正证明哪个是原因，哪个是结果呢？说白了，这实际上还是一种信仰，你认为这种方法能支撑你的这个命题，你按照这个逻辑，你相信这种因和果，仅此而已。如果你不相信那套方法，那么你可能对此研究的成果评价打很大的折扣。

实证研究方法的应用在很多时候，就是要求严格按照这个方法的要求去做。方法的发明，往往是前面有不可挑战公理，尔后再推出定理，严格遵守方法应用的流程，那么这种应用就是对的。可是，如果你不认同这种方法，那么他怎么做，你都可能认为那是错的。方法的应用，实际上也是一种信仰。实际上在很多时候要分清因和果是非常困难的。但是，对不同方法应该有充分的包容性。我们培养一名学生，我们进行财政研究，是在探寻一个真理，但我们都清楚，没有一个人可以穷尽真理，每个人所能面对的只是在每一步探索过程中他所做的一些工作得到肯定。

定性分析定量分析方法互相排斥是不对的。不同分析方法都有局限性，也有互补性。如果能做到不同方法融会贯通，那当然非常理想，但是这经常做不到。方法的应用过程中可能最后会有新方法发明出来。各种各样的方法都可以去尝试。比如我们研究这个政策的效果怎么样，有用还是没用，第一步判断往往是定性的。如果政策管用，那么管用到什么程度，只能用定量分析方法。或者反过来，通过定量分析，发现该政策无用。并不是说每种方法都可以一锤定音。

无论如何，财政基础理论应该是问题意识，要真正认识和把握中国财政问题，否则不可能有好的财政研究成果。现在关于财税研究的文章特别多，很多人都在说我在研究财税问题。但实际上，他所研究的可能只是与财政相关的财政学边缘问题。财政学者在研究最核心的财政问题上的优势亟待发挥出来。研究财政制度、财政政策以及具体制度政策的选择上，财政学者肯定有学科专业的比较优势。多年跟踪某个财政制度政策方面的变化，怎么可能不是这方面的行家里手？最近有年轻同事告诉我在评审的一篇文章，作者连增值税的留抵退税都不懂，也敢写增值税。这样文章，即使可能在很好的学术期刊上发表，但是他不可能写出问题意识，这样的研究成果从学术进步和理论创新来说是没有意义的。解决问题才是最重要的。实践是理论的试金石，换个角度，实践检验解决问题是最重要的。

关于财政理论研究，我们可以有不同的角度不同的方法，但最重要的是需要研究真问题。越是真问题，越是重大财政问题，越能推动财政基础理论的创新。繁荣财政科学，我们应该把更多的时间用在研究真正的问题上，而不是泛泛地为学术而学术，这样的所谓学术有的时候根本不是学术。绝不是把美国的理论拿过来，换中国数据，结论也没什么新的，就算学术研究，更谈不上所谓理论创新。那只是在做家庭作业。研究中，如果有新的发现或者方法上有创新，那就是好事。还有一些理论的文章，作者只是修改了某个假设就认定是创新，殊不知，他可能只是把理论简化中的某个不必要的假设恢复过来，这怎么会是创新，理论之美经过他的手得到"完美的创造性破坏"。

财政学者团结起来，聚焦解决一些重大的财政真问题，财政学的发展才会更好。

主旨发言

ZHUZHI FAYAN

冯俏彬
国务院发展研究中心

当代财政学的基础原理已经经过了多年改革开放的洗礼，但是似乎并不牢固，一旦实践层面发生某种变化，很容易就在思想认识和理论上发生动摇。结合近年来的研究体会，特别是从学习党的十九届六中全会《决议》中深刻体察到的正在呼之欲出的"中国性"，现在是时候形成一个既不同于西方公共财政学、也不同于国家分配论的新的财政基础理论了。这个中国特色的中国财政学基础理论，要既能够与几千年中华传统当中一些关于政府的理解与当代中国贯通，也要基于改革开放以来向西方学习的公共财政理论，既要有"中国性"，也要有"世界性"，同时还要面向数字经济的未来开辟一条新的赛道。

中国特色财政基础理论的架构

今年年初,我参加了中央党校的一个课题讨论会,这个课题是高端智库出的题目,名称是《关于财政属性的研究》。中央党校的某教授接受了课题委托,但在分析题目的时候,大家都有点懵,不知道为什么要出这样的题目,到底想解决什么问题。会上财政部政策研究室的一位同志介绍了背景,因为现在财政支出压力很大,想研究下财政在新的形势下应该做什么和不应该做什么的问题。所以,从实务部门的角度看,在已经被公共财政理论栉风沐雨了二十多年后,现在又绕回到了财政学的一个老话题,听上去全无新意,但是显然近年来我国财政实践确实再次遭遇到"财政应该做什么?不应该做什么?"的难题。当前我国政府财政支出扩张的速度过快、而我们似乎对此无能为力。

当代财政学的基础原理已经经过了多年改革开放的洗礼,但是似乎并不牢固,一旦实践层面发生某种变化,很容易就在思想认识和理论上发生动摇。实践层面发生的变化,有的方面是好的,但是有的方面确实大家也心存疑虑,但能如此轻易动摇我们奉为圭臬的基础理论，这反过来也说明我们基础理论中的某些部分可能非常不牢固。从这个角度，结合对党的十九届六中全会的学习，谈谈我对如何发展中国特色财政学基础理论的一些看法。

在学习党的十九届六中全会的《决议》的过程中，我有两点发现：一是党的十九届六中全会决议对于两大历史问题有正面表述，一个是"文革"，一个是89年的政治风波，虽然用的笔墨不多，但《决议》对此是有表述的，这一点很令各方面关注；二是《决议》总结了党的十八大以来十三个方面的主要工作，文字结构基本上都是先讲党的十八大以来有什么样的问题，然后党中央国务院依据什么样的理念做了些什么工作来解决这些问题。这种正面回应对存在的问题，甚至过去一些有巨大争议的历史事件，在政府文件，尤其在党的《决议》中是非常不同寻常的写法。再结合前一阵习近平总书记和美国拜登总统的会晤，相关新闻报道也有一些令人印象非常深刻的话，比如拜登总统表示，"中国在5000多年前就已经是一个大国。我愿明确重申，美方不寻求改变中国的体制，不寻求通过强化同盟关系反对中国，无意同中国发生冲突"。把这些信息结合起来，我个人深刻地感受到，我国民族复兴的百年征程已经到达了一个新的阶段。在这个新阶段，从经济上看要从"富起来"到"强起来"，要从开放世界的跟随者、参与者到"世界舞台的中央"。与此同时，在这个新阶段，国家状态、国民心态都正在发生变化，其中一个重大变化就是对于自己过去的问题和错误，能够以比较坦然的心态去面对。从个体成长历程上看，能正视自己的问题和错误，恰恰是个体心智趋于成熟的表现。所以这是一个非常值得关注的重大变化，再说深一点，这实际上反映中国和世界关系的变化，反映从辛亥革命以来一直改革开放再到党的十八大以来，我国经历了一个对外学习模仿为主，再到逐渐寻找"中国性"、寻找自我的艰难过程。个人感觉这一点也体现在党的十九届六中全会《决议》的写法上。简言之，中国社会已经发展到这样一个新阶段，经过多年向西方学习之后，重新转回到唤醒和激发"中国性"，重新在一个新的基础上丰富"中国性"。

由这样一个想法到今天的主题"中国特色社会主义财政基础理论"，中国特色社会主义财政基础理论到底怎样架构，我个人感觉可能有以下几个方面：

第一，要与已有的理论相联系。长期以来，国家分配论是我国财政学的主流基础理论，对我们财政学界每一个人的思维方式、对财政运行的方式过去产生过重大影响，这种影响现在仍然存在于我们的思维底层，很可能未来还将继续产生影响。但是仅有这一点还不够，如果把视角拉长的话，我们讨论财政基础理论问题，还不能只从新中国成立以后，可能还需要深入到更久远的中国历史之中。换句话说，可能需要在一定程度上追溯到漫长的传统中国。传统中国国家治理的模式、财政运行的模式，不管我们承不承认、意识到或者意识不到，实际上都早已融化在我们基因和血液当中，无时无刻不在起作用。未来财政基础理论的研究可能需要重视传统，当然不是说从传统中国的理财方式中直接拿来某个能用的东西，但是关于国家的理念、关于政府的观念，关于那些决定财政之所以为财政的东西，早已融化在我们的思维方式中，今天仍然在底层起作用。对此要正视并努力挖掘其中一些合理有用的方面，而不是假装看不到或者全盘抛弃。

第二，要与国际相接轨。1998年以来，源于西方的公共财政理论极大地影响了财政基础理论的发展，影响了在座每一位对于财政的认识。尤其对我本人来讲，基本上是1998年以后开始从事财政研究，所以公共财政理论对于形塑我们这一代人的思想起到了非常大的作用。但是正如刚才有的领导说，总感觉西方财政学理论不完全符合我国的实际情况。当年我在大学里教《财政学》的时候也有这样的感受，在西方财政学理论与中国的财政实践当中，始终缺一个连接点。多年以来，大家也一直努力解决这个连接，但是现在有没有解决呢？从刚才大家的讨论中，实际上对此已经给出了否定的答案。现阶段讨论中国特色社会主义财政基础理论，我认为西方公共财政理论中的一些框架，如基于市场失灵来讨论政府的职能、讨论财政的支出范围、基于法律和制度讨论央地关系、事权划分、转移支付等，对我国当前和未来而言，都极具价值，都需要体现在有中国特色的财政学理论之中。

第三，要面向未来，面向数字经济。刚才浙江财经大学的领导讲到，浙江财经大学已成立了一个数智财政专业。我也注意到，昨天刘尚希院长和杨志勇参加了广东"数字财政"的研讨会。这都反映了数字经济正在深刻影响我国财政。去年，我所在的国研中心发起了对"数字税"的大规模研究，我在与同行们的研究过程中有一个非常深刻的体会，那就是数字时代可能将重新塑造财政理论与实践。试举一例，以前有一种说法，认为我国财政之所以管不好，主要是因为中央缺乏足够的数据能力与基层信息。但现在随着数字时代的来临，大家明显感觉到政府对于社会的控制能力、对于信息的掌控能力已经大大加强。我们做数字税研究的时候，强烈体会到政府这种极强的信息能力、极强的对下级政府和全社会的管控能力，很可能对今后中央和地方的财政关系，还有政府和社会的关系产生深刻的影响。换句话说，在数字经济时代，传统财政的"三极"（收钱、分钱、用钱）可能都会有所改变，怎么定义央地关系，怎么定义包括财政部门和其他部门的关系，怎么定义由税收所体现的政府与社会关系？可能都与现在不同。更重要的是，我们发现，在数字经济条件下政府能力的增强，一方面和传统中国社会、和改革开放以来乃至今天，我们都始终感知到、认识到的"中国政府能力比较强大"这一特点是一脉相承,一以贯之的,另一方面在某种程度上,还特别适应数字时代对"超级管理者"的需要。这的确令人脑洞大开,对我们脑子里已经形成的"合意政府"、对财政学的一些基本原则产生了巨大的思想冲击。

财政基本学原理中有一条"一级政府、一级财政,一级预算、一级税收",现在看起来在数字时代就可能并不成立,起码是遇到了挑战。新冠疫情发生以来,中央财政资金直达机制推出,中央在资金支付上"一竿子插到底",今年进一步将直达资金扩大为常态化的财政管理方式,可以预计未来这种中央直达的方式还将进一步扩大。这种情况下,"一级政府,一级财政"还成立吗?我们对数字税的研究表明,未来数字经济时代,我国这个中央政府权力极大的单一体制,很可能比分散决策的民主政府更能适应数字经济时代的治理要求。那么,进一步分析,在传统的"中国性"和面向未来的数字财政之间有没有可以贯通的地方?有没有一些对于政府的理解,对于政府的构成、对政府的职能范围、对政府理财的方式,从古老的传统中国到未来数字时代,这其中始终有一条线是连通着过去、现在与未来?这条线是什么?是不是就是决定中国财政之所以为中国财政的那个东西?这太值得深入挖掘了!

在廊坊会议之后,关于财政学的基础理论研究推进很快,既有财科院刘尚希院长"咬定青山不放松"围绕"公共风险"进行的深入研究，也有上海财大从不同的学科拓宽财政基础理论研究的维度，都取得了令人瞩目的成就，令我们受益匪浅。我自己对于基础理论研究一直有着强烈的兴趣，但是现在由于工作的关系，的确在这方面投入的精力少了。结合近年来自己的研究体会，特别是从学习党的十九届六中全会《决议》中深刻体察到的正在呼之欲出的"中国性"，我认为现在是时候形成一个既不同于西方公共财政学、也不同于国家分配论的新的财政基础理论了。这个中国特色的中国财政学基础理论，要既能够与几千年中华传统当中一些关于政府的理解与当代中国贯通，也要基于改革开放以来向西方学习的公共财政理论，既要有"中国性"，也要有"世界性"，同时还要面向数字经济的未来开辟一条新的赛道。

主旨发言

ZHUZHI FAYAN

刘小兵

上海财经大学

这些年对财政基础理论的反思,我想用三句话来描述:一是财政学理论总体上舍"政"就"财"和重"技"轻"道";二是确定政府的边界在哪里;三是政府应该做什么。财政基础理论不仅仅是从经济学的视角对上述内容进行研究,而是从"财政是一个国家治理的基础和重要支柱"的更高层次来展开和分析。

财政理论与学科发展

——上海财经大学财政学科的思考

结合本次研讨会的主题——财政的基础理论以及财政学科的发展以及我校今年的财政发展报告的主题,我向大家汇报一下上海财经大学财政学科这些年的一些思考。

大致分为三个方面。

第一,介绍一下今年中国财政发展报告的选题,以及大致的研究框架。第二,对我们怎么做这个研究,为什么选这个题目,我们是怎么思考的,也给大家分享一下我们的一些观点。第三,对我们国家财政学科发展做一个憧憬。

关于第一个方面,中国财政发展报告今年已经是第23年了,从1999年第一本发布到现在,我们每年都紧贴理论与实践的前沿,选择一个主题开展研究。今年的主题是"财政理论与学科发展",为什么选这个题目?大概是基于以下三个方面的考虑。

一个是对中国（包括对世界一些国家）的财政学科的理论、教学以及政府实践的现状，我们一直在关注，一直在分析，也一直在反思，这些关注、分析与反思促使我们今年选择了这个主题。第二个方面是来自我们这些年来的思考与讨论。由中国高等教育出版社出版的纯理论的财政学教材最新的一次修订还是在2011年（另外一本理论加制度的财政系教材虽然在2016年曾做过一次修订，但那次修订在理论上基本很少变动），到现在已经将近十年，也就是说我们的财政学教材在理论上一直没有做大的变动，这十年来我们一直在思考怎么来修订这个教材。我们经常与包括像蒋洪教授、丛树海教授、胡怡建教授、朱为群教授、邓淑莲教授、曾军平副教授等在一起讨论财政学究竟应该研究什么，其真正的理论问题究竟有哪些？多年来的思考现在似乎有了点眉目，因而促成我们今年选这个主题，想借此向大家汇报我们的思考。第三个方面便是比较应景的一个原因，即我们国家最近在开展的新文科建设和呼吁争取学术话语权等的一些问题，也促使我们在思考我们的财政学科到底应该怎么发展，如何作出我们应有的贡献。综合以上因素，去年我们最终决定今年这本财政发展报告的主题就选择财政理论以及财政学科的发展。

今年财政发展报告大致的框架分为三块。第一块内容是本书的序，在其中蒋洪教授和我一起对财政基础理论的若干问题做了一些思考，当然这些思考也不是今年一年写出来的，应该是总结了我们前面十余年的一些思考，做了一些归纳，做了一些总结，对怎么开展财政学的理论研究做了几个方面的思考，我们把它描述出来，求教于大家，也欢迎大家批评指正。第二块内容是从第一章到第四章，这是一个每年都有的发展报告的内容，它主要描述上年度的中国宏观经济和财政收支情况，以及对下年度这些情况的预判。第三块内容是每年的发展报告选择的研究主题，从第五章到第十一章。对今年选择的财政基础理论与学科发展这一主题，我们希望从一个多视角、多学科的角度来进行研究，所以我们从财政政治学、财政伦理学、财政社会学、计量财政学、发展财政学、制度财政学和行为财政学七个方面多视角对财政理论问题与学科发展的问题开展研究，希望能得出一些有益的探索和结论。

其中，在财政政治学、财政伦理学方面，应该说我们这边是有一些基础的，比如说由刘守刚老师牵头做的"财政政治学译丛"和"财政政治学文丛"在财政政治学的建设方面已经做了不少探索，已出版或完成近四十本著作，有了这个基础，我想财政政治学方面可以说是相对比较成熟了。在财政伦理学方面，我们也有了一些基础，曾军平老师多年来一直在思考这个问题，围绕这个话题已经出版了《公正》《公共选择与政治立宪》《自由意志下的集团选择：集体利益及其实现的经济理论》三本著作，他对这方面有比较成熟的思考和研究，最近，他的另一本相关的专著《收入分配的伦理规范：

可逆性检验一致有效的公平分配规则》也即将出版。除了这两块内容，财政社会学方面我们邀请了我校人文学院的副院长刘长喜教授牵头来做，其他的计量财政学、发展财政学、制度财政学和行为财政学都是我们学院的中青年优秀学者担纲研究。这五块内容相对来说探索性的成分更大一点。今年的发展报告大概由这三大块内容构成。

关于第二个方面，就我们的一些思考向各位专家汇报一下。

之所以选择从政治学、伦理学、社会学、经济学等视角开展对财政理论与学科发展主题的研究，是基于我们这些年对财政基础理论的反思，以及我们众多学者的讨论的一个结果。这个结果是什么呢？我想简单用三句话来描述。

第一句话，我们感觉现行财政学理论总体上舍"政"就"财"和重"技"轻"道"。舍"政"就"财"就是谈"财"谈得比较多，谈"政"比较少，甚至基本上把"政"的东西撇开了；重"技"轻"道"，用我校经济学院原院长田国强教授的话来讲就是没有思想的学术。我们觉得现在的财政学理论舍"政"就"财"，重"技"轻"道"比较严重，对各国的财政实践都缺乏指导意义，财政学正在成为政府肆意扩张的一种理论注释而逐渐失去了自身的学术价值。这是我们观察与反思后的第一个感觉。

第二句话，它为什么会出现这种趋势？对政府的肆意扩张没有任何话语权，就这么看着它发展下去，为什么会演变成这么一种状态？我们主要觉得它没有找准财政学真正的问题是什么。所以，思考下来，我们认为一定要找准财政学要回答的基本问题是什么，一定要确定政府的边界到底是什么，总而言之，一定要搞清楚政府应该做什么。

第三句话，要回答这一问题的话，我们认为财政学必须回答接下来的三个问题，因为这三个问题不回答清楚，它的基本问题是无法回答清楚的。这三个问题，第一政府做了会怎么样，第二政府实际上会做什么，第三如何让政府做它应该做的事情。

以上是简单用三句话所描述的我们这些年思考下来的结果及其对财政基础理论提出的问题。要回答这些问题仅仅凭经济学是远远不够的，而且现行的财政学远未回答这些问题。所以，今年我们尝试选择从政治学、社会学、伦理学、经济学等多个视角开展研究，以期能系统地回答这些问题，为国家治理现代化提供更有解释力的理论，当然也希望能起到抛砖引玉的功效。

下面我想简单花点时间对这四个问题再进一步做些解释。

第一，关于政府应该做什么。我想谈两点。一是为什么我们说这是财政学的基本问题。二是目前的财政学理论对这个问题回答得怎么样。

我们为什么把"政府应该做什么"看成是财政学的基本问题？

估计跟很多学者，很多老师们的想法可能不一样，大家觉得财政就是谈财，怎么收钱，怎么花钱，怎么把钱在中央和地方之间进行分配，怎么举债等。我觉得长期以来我们都有这么一种想法，感觉我们应该是在为财政部服务，我们中国的财政学者主要就是围绕财政部来转，围绕财政服务，包括财政学会也是设在财政部下面。但实际上有时候想想，财政要做的事情是财政部能够决定的吗？每年收多少钱，每年花多少钱是财政部、国家税务总局能确定的吗？中央和地方采用什么样的财税体制是财政部能够确定的吗？都不是，不管哪个国家都不是财政部能够确定的，都是政府最高部门确定的。所以，这不是一个"财"的问题，应该要更加关注的是后面的"政"。所以，政府应该做什么，我们把它确定为财政学要回答的最基本最原始的问题。当然，这其中还有很多需要详细讨论的问题，因时间关系，不再扩展论述，在《2021中国财政发展报告》里有具体阐释。

我们现在对这个问题回答得怎么样？可以这样说，目前，中外财政学理论对政府应该做什么有了系统理论解释，也构成了现在财政学这本教材里非常重要的一块内容，但是反思下来我们觉得存在两个比较大的问题。第一个问题，它有很多假设，起码有三个假设，第一个假设我们政府是能力型的政府，市场做不了的交给政府它就一定能做好，它有这个能力。第二个假设是慈善型的假设，我们政府是慈善型政府，是在为人民服务，没有自己的私利，交给它做什么事它就会做什么事，它不会做别的事儿。第三个假设是民主型政府，所有财政学理论都是建立在民主型政府的基础上，没有解释其他类型下的政府框架下政府会做什么。这三个假设是我们目前中外财政学理论当中隐含的三个最重要的假设，但实际上运行的结果我们会发现也许这三个假设不成立，这是一个比较大的问题。第二个问题，现在财政学有点涉财而未涉政，重"财"而轻"政"。这一点我们可以回过头来看最早的财政学的起源，像亚当·斯密的《国富论》本身就提到政治经济学应该研究什么，他研究的第二块内容是如何给国家社会提供充足的收入使公务得以进行，但这块内容到后来基本就被舍掉了。包括20世纪50年代、60年代罗宾斯在他的一本书里也说过，人们习惯于把"政治"一词去掉，用"经济学"这个词单指对经济现象的分析，而把有关什么政策才符合需要的讨论这个涉及政治的内容去掉了。不仅是中国的财政学学者如此，国外主流财政学学者也是这样，如马斯格雷夫构建的财政学体系。所以，尽管现行财政学体系对这个问题回答得好像非常系统，但我们认为它并没有真正回答清楚这一基本问题。

第二，关于政府做了会怎么样。把这个问题看成财政学重要问题的道理很简单，因为如果不回答这个问题就无法回答"政府应该做什么"这个问题。按照常识来说，你应该做什么取决于你做得怎么样，这件事情你做得好我就让你做，你做得不好我就不让你做了。不能说市场做不好就一定交给政府去做，还得看政府能不能做好。所以，我们必然要回答政府做了会怎么样。这个"怎么样"取决于两个方面：第一你做的结果如何，这是一个实证问题；第二你做的结果到底是好还是不好，这是一个规范的问题。所以，要回答清楚"政府做了会怎么样"必须搞清楚这两个方面，特别是"好不好"这个问题。政府做得好不好，评判的标准是什么呢？这里有两种思路，一种是给定一个最好的状态，用这个状态评判它；还有一种是给定一些规则、程序，让大家按照规则、程序来表达各自的观点，做出判断。前者是现行主流财政学的做法，后者是布坎南选择的做法。

这个问题目前我们财政学回答得怎么样呢？我觉得关于"做的结果如何"这个实证问题现在回答得非常充分，现在绝大部分财政学者都是在做这个方面的研究。但是它存在一个比较大的问题，什么问题呢？做了这么多研究，它没有回归反哺"政府应该做什么"这个基本问题的解答。现在我们经济研究、财政研究等期刊发的文章绝大部分都是这方面的文章，给定政府的一个政策，然后去研究市场运行的结果怎么样，对资源配置、对收入分配带来什么影响，这块做得非常充分，我估计80%以上的研究成果都在这一块。所以说这一块做得非常好，但是缺乏回到对第一个问题的反哺。不过，现行财政学对"政府做得好不好"这个问题没有实质性进展，仍然停留在布坎南阶段。实证结果知道了，但是这个结果是好还是坏，有什么标准评判，这个问题在我们看来在现在没有突破，并且在主流财政学教材中基本上把这个问题舍弃掉了，除了一开始讲到效率公平权衡之外，在后面的内容上基本就没再涉及了，学者的研究中也很少去探讨。

第三，关于政府实际上会做什么。这个问题怎么回答、为什么要回答这个问题？目前主流财政学的思路是市场做不了的就交给政府去做，但问题是，政府会不会乖乖地去做这些事情，政府有了权有了钱之后它真正想做的是什么？这个问题如果搞不清楚等于也没有回答"政府应该做什么"这个基本问题，因为应不应该做和会不会做是两回事，你期望它会做但它不去做你有啥办法呢？常识告诉我们，当你准备将一件重要的事情委托某人去做时，对这个人进行适当的考察是非常必要的。同样地，当我们准备让政府去做关乎国计民生的那么多重要的事情时，对政府实际上会做什么进行考察也是十分必要的。这就是我们为什么要回答"政府实际上会做什么"这个问题的理由。

现代财政学对这个问题回答得怎么样呢？应该说现代财政学理论基本上没有涉及，但是有相关的专业研究，如商鞅、马基雅维利、布坎南、弗里德曼等一些学者在他们研究中有涉及，也达成了一些共识，但是没有系统地纳入我们财政学理论和教材当中。

第四，关于如何让政府做它应该做的事情。为什么需要回答这个问题？同样的道理，因为这个问题回答不清楚，第一个问题等于就没有答案。政府"会不会做"跟它"应该做什么"是两回事的话，你要让它做它应该做的，就得想办法让它听话，如果你没办法让它听话就等于不能让它做。所以，这个问题必须回答。现代财政学对这个问题回答得怎么样呢？基本也是空白的，没有什么达成共识的地方，争议还是比较大，体现在对布坎南的公共选择理论现在有不同的观点，很多大咖对他都不一定赞同。现在的主流财政学理论和教材没有吸纳这块内容，如布坎南谈到民主财政和后民主财政的一些问题，目前都处于研究之中，没有达成共识而成为主流的研究方向，更加谈不上写进教材当中去了。

关于第三个方面，最后谈一点对我国财政学科发展的愿景。目前我国的财政学科在学科体系上跟发达国家相比是处于跟跑阶段，但是在科学研究领域里我们已经由跟跑到了并跑的阶段，表现为现在有些中青年学者可以在国际顶刊上发表有关财政研究的文章。我们的愿景是希望将来我们在学科体系建设上能够跟发达国家的财政学科并跑，我觉得这点还是挺有希望的，现在发达国家的财政学科体系也是停滞不前，没有什么突破。在科学研究上我觉得我们能够很快做到普遍处于并跑这一点，甚至在某些领域里如果对我们刚刚谈的那些问题开展深入的研究的话,我们甚至还可能在某些地方做到领跑。

最后一句话,希望财政学科不仅仅是从经济学的视角进行研究,它不仅仅是一个二级学科,我们要把它看成是一个用党的十八届三中全会讲的"财政是一个国家治理的基础和重要支柱"这个角度来看待的一个学科的建设,希望学术界也能认可这一观点。

主旨发言

ZHUZHI FAYAN

丛树海

上海财经大学

　　作为国家治理的基础和重要支柱,财政的影响力和内涵与外延都在相应地发生变化和取得发展。有鉴于此,在讨论和形成共识的基础上,年轻一代的学者已经开始着手研究政治财政学、社会财政学、伦理财政学、制度财政学、发展财政学、计量财政学、行为财政学等交叉视角尝试的财政新理论和新问题。这些交叉学科、交叉领域的财政问题当然不限于这些领域的这些问题,但会成为财政学科进一步深化发展的推动力,也是新文科发展大背景下的一个重要分支。

中国财政发展报告的发展
历程和未来期许

受刘小兵院长委托，接下来我非常简要地把《中国财政发展报告》的历程和几点体会交流一下。

第一，关于《报告》的诞生。20世纪90年代后期，我国经济和财政在经过改革20年之后已经取得了巨大的成就。与此同时，在世界即将走向21世纪之际，国际经济形势发生了深刻的变化，东南亚金融危机和巴西金融危机相继发生。这些状况是否会影响中国经济发展的态势，上财财政学科的学者们在当时就坐下来多次讨论，如何以我们的工作，特别是我们的学术研究更好地服务于国家，特别是服务于国家财政事业，在时任校长谈敏教授的倡导下，我们决定动手每年撰写一部研究中国财政问题，量化财政发展趋势的研究报告，并将这个报告定义为《中国财政发展报告》。正如谈校长在序言中所说，"他们在努力找出一些规律性的东西和可行的财政调控措施，以供决策部门参考"。1999年，在世纪之交之际，第一部《中国财政发展报告》诞生在上海财经大学的财政学科。这是第一个要点，怎么诞生的。

第二，关于《报告》进程的两个阶段。1999年第一部《中国财政发展报告》出版后，我们又重新坐下来再次讨论《报告》的前景和得失，在总结和着眼于长远的基础上，决定从第二年开始将《报告》分为两个部分。第一部分是年度财政税收的运行情况和对来年的预测。第二部分，每年设计一个专题，以期更深入地探讨某个方面的财政政策。因此，《报告》23年来，事实上是经历了"1+22"的两个阶段。第一年为第一阶段，全面探讨和量化财政状况。第二年开始为第二个阶段，《报告》分为总论和专论，《报告》的这一特色一直保持至今，持续23年《报告》有了1个总论和22个研究专题。

报告发展历程的另一个进程上的分析是从1999年的第1部《报告》到2010年的第11部《报告》，是由学校资助研究和出版的，自2011年的第12部《报告》开始，《中国财政发展报告》由教育部资助研究和出版，成为教育部首批资助的哲学社会科学系列的发展报告之一，研究资助的平台有了明显的提升。

第三，关于《报告》主题的选择，除了第一年的《发展报告》作为总论以外，其后的22部《发展报告》都有一个独立的专题。综观全部主题，科教公共政策，"营改增"与税制改革，社会保障，"三农"问题，财政信息管理，政府间财政关系和财政管理体制，和谐社会建设，扩大内需，预算管理和收支分类科目，宏观税负，财政公平，财政综合财务报告，绩效评价与绩效管理，政府性基金管理，风险应对中的财政问题等，以及对"十一五"财政发展的预测和政策的分析，20多年来，《中国财政发展报告》涉及面广，专业性强，体现了我们对现实财政问题的关注和研究的视角。

今年第23部《中国财政发展报告》的主题是在一个新的历史时期，在我们高度关注中国财政经济改革与发展实践的基础上，第一次将财政学科建设，将财政学科内涵和外延的未来发展作为我们的研究对象而撰写的一部《财政发展报告》。我们注意到，在经济快速发展，社会不断进步的进程中，财政作为公共资源配置的机制越来越重要，越来越关键，已经成为国家治理的基础和重要的支柱。

作为国家治理的基础和重要的支柱，财政的影响力和内涵与外延都在相应地发生变化和取得发展。有鉴于此，在讨论和形成共识的基础上，上财年轻一代的学者已经开始着手研究政治财政学、社会财政学、伦理财政学、制度财政学、发展财政学、计量财政学、行为财政学等交叉视角尝试的财政新理论和新问题。我认为，这些交叉学科、交叉领域的财政问题当然不限于这些领域的这些问题，很有可能会成为财政学科进一步深化发展的推动力，也是新文科发展大背景下的一个重要分支，这也是我们的一次新的尝试，希望就教于财政学教指委的各位专家和领导，敬请各位专家给予批评指正。

最后谈一点体会和期待。

作为最初参与研究和谋划《中国财政发展报告》的学者之一，我不仅在20多年中一直参与《中国财政发展报告》主题的选择和确定，而且曾两次主持过《中国财政发展报告》的撰写和主编，我的最大体会是，《中国财政发展报告》经过23年的努力，不仅已经成为我国财政学界有影响力的学术专著，对财政学术研究和财政实践起到一定程度的先导和引领作用，而且是上财财政学科建设的一个重要载体和一张亮丽的名片，更为重要的是，通过《中国财政发展》报告长达20多年的持续工作，极大地推动了上财财政学科队伍的建设，一批学科骨干逐渐成长，一批青年学者不断涌现。从23部报告的15位主持人看，40年代的有2人，50年代的有5人，60年代的有4人，70年代的有3人，80年代的有1人，并且近十年以来，报告已经基本上由年轻人担任主持人和主要的撰写骨干，我相信上财的《中国财政发展报告》还将继续为年轻人脱颖而出创造条件。同时，我也相信并期待上财年轻一代的财政学者必将创造出更加辉煌的学术成就。

专家研讨
ZHUANJIA YANTAO

于海峰
广东财经大学

"两个一百年"奋斗目标交汇之际,共同富裕是党和政府确立的奋斗目标,也是全国人民的共同期盼。财政作为国家治理的基础和重要支柱,应将共同富裕确立为主要目标,通过财政、税收等公共分配工具,构建起国家、单位、家庭以及个人之间的良性收入财富分配机制,切实发挥财政分配在促进共同富裕方面的重要作用。

今天我想就"财政分配和实现共同富裕"话题向各位求教。主要讲三个方面的问题。

一、对财政分配促进共同富裕的基本认识

大家都知道，改革开放以来，我们国家的成功经验之一就是认识到了贫穷不是社会主义，应该在解放和发展社会生产力的过程中，允许一部分人，一部分地区先富起来。党的十八大以来，党中央逐步把促进全体人民共同富裕摆在了更加重要的位置上。当前，我国在全面建成小康社会基础上，正向第二个百年奋斗目标迈进，已经到了扎实推进共同富裕的历史阶段。2021年8月17日，中央财经委员会召开的第十次会议强调：要坚持以人民为中心的发展思想，在高质量发展中促进共同富裕，正确处理效率和公平的关系，构建初次分配、再分配、三次分配协调配套的基础性制度安排，加大税收、社保、转移支付等调节力度并提高精准性，扩大中等收入群体比重，增加低收入群体收入，合理调节高收入，取缔非法收入，形成中间

大、两头小的橄榄型分配结构，促进社会公平正义，促进人的全面发展，使全体人民朝着共同富裕目标扎实迈进。我认为，共同富裕不是少数人的富裕，也不是整齐划一的平均主义，其目标是全体人民共同富裕。实现共同富裕是社会的基本共识和人民的期盼，也是中国特色社会主义分配制度改革的基本原则和长远目标。在"两个一百年"奋斗目标的历史交汇点，必须把促进全体人民共同富裕摆在更加重要的位置。在新的形势下，财政分配在促进共同富裕方面有义不容辞的历史责任和历史使命，在继续推动做大国民收入总量规模的同时，财政需要格外重视收入和财富的存量结构分配问题，包括在三次分配和上午灿明校长讲到的第四次分配等方面，财政分配都应有所侧重、有所作为。

二、财政分配在促进共同富裕过程中应遵循的基本原则

第一，应该鼓励勤劳和创新致富。习近平总书记说过，幸福生活是奋斗出来的。共同富裕要靠勤劳和智慧来创造。我们强调共同富裕，就是要鼓励勤劳致富，鼓励靠科技、靠创新来致富。要坚持在共同发展中促进共同富裕，财政要发挥主导作用促进社会生产力

水平持续提高，推动经济社会高质量发展，促进国民经济总量做大做强。

第二，应该坚持社会主义基本经济制度。社会主义的基本经济制度包括以公有制为基础，多种所有制共同发展，包括"两个毫不动摇"，毫不动摇地坚持公有制为主体，毫不动摇地支持非公经济的发展。从收入分配角度来看，要坚持按劳分配为主体，多种分配方式并存。实际上也是允许一部分人先富起来，先富带后富，鼓励勤劳致富。当然，收入分配还需要注意分配秩序和分配伦理的问题，我们并不鼓励靠偏门致富，对于违法违规的致富是要坚决依法处理的。所以，前提还是要坚持社会主义的基本经济制度。

第三，应坚持尽力而为和量力而行的原则。简单来讲就是要防止过度的平均主义和过度的福利主义。不应该把平均主义看成是社会主义的本质特征。当然，过度的福利主义、过高的福利保障财政也背不起、承担不了，处理不好，还可能引发政府债务危机和另一种严重的社会分配不公。

第四，应该坚持循序渐进的原则。共同富裕有一个过程，不可能一蹴而就。在国民收入分配和再分配过程中，探索良性的公共分配秩序是一个发现问题、分析问题、解决问题的过程。必须在改革实践中逐步摸清税收调节、公共服务、转移支付等公共调节的科学结构和方式，在发展中逐渐探索解决收入分配和贫富分化的有效手段和途径。

三、财政分配在促进共同富裕方面的基本着力点

第一,在初次分配、再分配和三次分配的过程中财政调节要实现分配的公平、公正和效率。我国在初次分配阶段基本确立了以市场机制为主的收入分配秩序,但在国民收入再分配阶段,良性的公共分配秩序还有待进一步探索和构建。在抑制市场机制运行导致的收入差距、贫富分化的方面财政分配的作用还有待增强,税收调节、公共服务、转移支付等方面的结构、制度和方式还存在不足或失序的地方。当前,在公共分配领域,政府的收入、支出结构既要保持预算平衡,防止赤字规模过大,出现财政风险,也要在收入端和支出端致力于解决初次分配阶段收入差距过大的市场失灵问题,同时在国有资产端还应通过国有资本收益共享等方式,将收入分配差距控制在适度范围内,促进社会利益平衡,防止社会不同群体出现尖锐矛盾,影响社会经济安全稳定。

第二,推动经济社会均衡发展,缩小地区行业发展差距和不平衡。一是要规范对欠发达地区的转移支付制度。转移支付制度作为政府间财政资金的调节机制,具有财力均衡的特殊功效,是公共分

配的重要工具，也应成为现阶段促进基本公共服务均等化的重要配套支撑制度体系。当前，需要按照中央《深化财税体制改革总体方案》的要求加大改革力度，进一步规范完善转移支付制度。二是要加强体制性垄断行业的收入改革。要尽快消除相关体制性垄断行业的准入障碍，降低市场准入门槛，为市场主体提供公平的市场竞争机会，为实现收入分配公平创造必要前提。当然，我们还要鼓励实体经济的发展，包括鼓励理性的住房消费、良性的收入分配秩序等。也要有打击扭曲和异化收入分配伦理的一系列政策措施。这些政策措施，实际上对规范收入分配、促进共同富裕都是有积极作用的。

第三，促进公共服务均等化。由于我国现行公共服务体系主要与户籍、地域挂钩，面对不同身份群体的公共服务标准有很大差距，低收入群体获得的社会福利远远少于高收入群体，形成财政福利支出的逆向调节现象。基本公共服务与任何一种再分配手段一样，需要防止陷入"再分配悖论"，即政府的再分配政策可能导致穷人补贴富人，收入和财富向既得利益集团集中，从而进一步拉大贫富差距。我国基本公共服务均等化当务之急是要逐渐消除制度安排中的各类等级差别现象，真正贯彻公平、公正、共享的公共服务理念，消除因城乡、地域、户籍等因素形成的差别化公共服务待遇，有效实现基本公共服务均等化目标。

第四，鼓励扩大中等收入群体规模，按照橄榄型分配结构，扩大中等收入阶层占比。中产阶层的形成和扩大需要普惠民生的制度保障，民生问题不解决，共同富裕便无从谈起。在优化财政支出结构上，应进一步加强基本民生类支出，保障住房、教育、医疗和社会保障等基本公共服务，着力改善民生、增进民生福祉。要加快明确各级政府基本民生支出的刚性或最低比例。按照中央要求，加快制定"幼有所育、学有所教、劳有所得、病有所医、老有所养、住有所居、弱有所扶以及优军服务保障、文体服务保障"9个方面的具体支出范围和标准要求，确保民生基本保障支出覆盖全民、兜住底线、均等享有，解决中产阶层发展壮大的后顾之忧。

第五，实现对高净值群体收入和财产的规范化调节，防止收入和财产的两极分化，避免引发更多的社会矛盾和问题。建议积极发挥税收在调节收入、财富分配中的有效作用。一是要完善个人所得税制度，建议逐步将资本所得等非劳动收入纳入综合征缴范围，减少累进等级、降低边际税率、增加专项附加扣除，进一步减轻中低收入阶层的所得税负担。二是要加快开征房产税，建立健全地方税制，逐步用房产税取代地方土地出让收入，抑制房价上涨预期，降低民众购房负担。三是要加快探索遗产税与赠与税等财产税制改革，增加财富代际流动，实现代际公平，避免产生阶层固化现象。

第六，关注和支持乡村振兴，促进农民农村共同富裕、全面发展。要完善财政支农政策，促进新增公共资源向农村倾斜。一是要坚持把农村教育放在优先发展的位置，确保现有预算口径的教育支出稳定增长，逐步建立分级负担、分级管理的教育经费管理体制。二是要推进农业农村现代化，保持财政投入力度总体稳定并持续完善其他财政手段，增强农业农村发展活力。三是要加强农民生活兜底保障，坚持在发展中保障和改善民生，各项保障措施注重向农村低收入群体倾斜，加快实现基本养老保险制度、基本医疗保险制度的城乡统筹，完善农村最低生活保障制度，做好农村社会救助兜底工作。

总之，"两个一百年"奋斗目标交汇之际，共同富裕是党和政府确立的奋斗目标，也是全国人民的共同期盼。财政作为国家治理的基础和重要支柱，应将共同富裕确立为主要目标，通过财政、税收等公共分配工具，构建起国家、单位、家庭以及个人之间的良性收入财富分配机制，切实发挥财政分配在促进共同富裕方面的重要作用。

专家研讨
ZHUANJIA YANTAO

伏润民
云南财经大学

财政中的"财"与"政"的关系,这是我们国家的特色,尤其是重视"政",既是我国的制度特色也是我国的制度优势。它反映了一个执政党的执政理念,换句话说,它表现为政府执政明确的目标函数。虽然我们非常明确我们的执政目标,但是我们必须考虑我们有多大的财政能力,尤其是在经济发展的不同时期如何处理好短期目标和长远目标的问题。因此,必须认真再考虑一下在不同的经济社会发展阶段,财政供给的范畴和程度,按基本的经济规律办事。

今天我想谈的题目是"关于财政职能泛化和风险的问题"。刘小兵院长谈到财政中的"财"与"政"的关系，这个问题是我们国家的特色，尤其是重视"政"，既是我国的制度特色也是我国的制度优势。它反映了一个执政党的执政理念，换句话说，它表现为政府执政明确的目标函数。虽然我们非常明确我们的执政目标，但是我们必须考虑我们有多大的财政能力，尤其是在经济发展的不同时期如何处理好短期目标和长远目标的问题。因此，必须认真再考虑一下在不同的经济社会发展阶段，财政供给的范畴和程度，否则我们将会违背最基本的经济规律。

首先，我们需要认真思考现在财政应该做什么？就目前的情况而言，在政府职能不断扩大的背景下，财政供给的范畴无所不包，例如，在基本公共服务方面，我国已经把国家基本公共服务的范围确定为9大领域，22个方面。而这些都将是财政必须支持的范畴，几乎囊括了所有经济社会发展领域。仅以教育改革为例，学前教育的基调是公办，最近一些教育领域的新改革，如公民合办的义务教育、高校直属的附小附中等义务教育将逐步纳入地方政府公办。另一方面，民办高等教育的审批和升格越趋于收紧而强化公办。这些趋势必然导致财政供给范畴将逐步扩大，各级政府的财政负担越将越来越重。此时，我们应该认真思考，在现阶段财政职能到底应该定义在什么样的范畴内？进一步说，我们有多大的财政能力去维持我们越来越庞大的财政支出？因此，避免在不具备财政能力的情况下，将财政职能"泛化"将会产生一系列问题。

其次，从另外一个角度看，地方政府的债务问题，包括地方债风险问题也应该值得被关注。从我们团队跟踪调研的西部某省及其市县（区）的情况，如果按照传统的经济学或财政学理论，地方政府举借债务的空间好像还较大，债务风险全国均可控，但这仅仅表现在显性债务部分，若将显性债务与隐性债务加总后测度的话，我国地方政府债务超过国际警戒线的情况还是比较明显的，尤其从我们调研的西部某省及其市县（区）数据看，超过警戒线的覆盖率超过90%，而且这个数据还在上升。从县级来看，地方政府债务超过警戒线的覆盖率也都超过了60%左右。由此可见，地方政府债务负担较为严重，并将形成一定的债务风险问题。而这些债务规模膨胀主要来自于地方政府的财政支出规模不断扩大，地方财政支出不断扩大的一个最主要的特征，是来自于上一级相关要求所提出的各项指标所造成的。与此同时，不可预见的疫情等影响了经济的发展，地方财政支出加大和增收减少。

最后，目前金融系统向政府变相融资形成大量的不良债权是非常明显的，同时政府除了依靠金融系统的融资之外，在国家管控地方融资平台的情况下，地方政府债务新来源就是民营企业。政府大量工程主要依靠民营企业来建，但是又没有能力及时来偿还。而从民营企业这条线来看，我国民营企业的自有资本率较低，其最终的资金依然是来源于金融体系。这样，地方政府向金融体系融资，以及地方政府向民营企业融资最终都依赖于金融体系，一旦金融体系对经济提供资金的能力减弱，自然而然地方政府的债务就会引发金融风险，乃至宏观经济的系统风险。

从我们团队的调研数据看，目前为止，地方财政的自给率非常低，尤其是西部欠发达地区。所以，财政职能泛化的问题应该引起高度的关注，财政发展最终是否可持续，必须要处理好财政职能和与之相匹配财力，避免财政职能泛化导致财政风险进而转化为金融体系和宏观经济系统的风险问题。

那么，如何避免财政职能泛化呢？我们将面临如下两个问题。第一个问题是，财政职能在不同的时期应该确立其不同的职能范畴。财政具体应该供给什么，以及供给到什么程度等问题需要进一步明确；第二个问题是，财政支出不能脱离收入基础。虽然这不是一个简单的"以收定支"还是"以支定收"的问题，但是，财政的职能不能脱离财力这个基础。综合上述分析，财政职能泛化问题在今天是个新问题，必须引起高度重视。目前我们很重视"政"的作用，强调重视公共服务的均等、共同富裕等广泛的社会职能，而没有充分考虑财力的前提下的财政职能泛化问题，如果这个问题处理不好，可能导致地方政府财政风险增加，进而可能导致金融系统乃至宏观经济的系统性风险的增大。

专家研讨
ZHUANJIA YANTAO

裴育
南京审计大学

进入新时代,财政应有所为,有所不为,这是公共财政的基本定位,也是必然选择。要构建现代财政制度需要处理好四个方面的关系:一是处理好有效市场与有为政府之间的关系;二是处理好社会主要矛盾决定的公共服务支出、民生支出和社会发展支出之间的关系;三是处理好新发展格局决定的财政收入来源基础与支出重点方向之间的关系;四是处理好经济社会发展与财政可持续发展之间的关系。

今天想和大家报告一下我关于公共财政属性的几点基本认识，今天讨论的话题都离不开公共财政属性问题。

从背景来看，中国经济经历了改革开放以来的快速增长期，财政收入规模也伴随着经济增长快速扩张，尤其是分税制改革以来，财政收支的快速扩张支撑了中国经济各项事业发展。然而由于整个国际国内经济环境变化，不确定性和风险不断累积，中国经济不可能独善其身，财政收入增长也是乏力的，尤其在当今世界面临百年未有之大变局，中国高质量发展，实现中华民族伟大复兴需要更多的财力支持。因此，财政支出规模出现快速增长，财政可持续问题在中国各级政府面前是一道不能不去回答的难题。

如何化解这一难题，人们自然会想到政府与市场的关系问题，政府应该有所为，有所不为。所以，确定政府开支范围，明确开支的规模。我们一直以来强调的"六保""六稳"就是顺应这一思路提出并付诸实施的，这一思路的做法可以归结为公共财政属性问题。因此，基于这个背景，从政府间的财政事权与支出责任划分以及财政可持续形势来对公共财政属性问题进行深入分析，这里谈五点基本认识。

第一，政府与市场关系界定是公共财政的基本前提。大家都知道财政既是个历史现象，又是个经济范畴，它与一国的政治经济制度密不可分，与计划经济相对应主要表现为国家财政，与市场经济相适应主要表现为公共财政，因此，这里说的"公共财政"就是发挥市场机制在资源配置中的决定性作用，在划分公共需要与私人需要前提下，为弥补市场缺陷和为公众提供公共品、公共服务而采取的一种财政类型或者财政模式。

历史经验表明，一国政府对经济的干预范围与强度不断扩大和增强，处理好政府与市场的关系始终是一个关键问题。作为政府对市场进行有效干预的财政部门来说，它具有资源配置、收入分配和经济稳定发展的基本职能。所以，党的十八大明确指出市场在资源配置中起决定性作用，财政是国家治理的基础和重要支柱。党的十九大又明确提出加快建立现代财政制度，构建中国特色公共财政体系，同时为构建人类命运共同体，充分发挥公共财政在全球治理和全球公共产品提供中的重要作用，这也体现出中国大国的责任担当。

第二，政府间财政关系明晰是公共财政的核心问题。如果说政府与市场关系的界定确立了财政收入的规模和结构的话，政府间财政关系则是在既定的财政规模基础上，进一步明确各级政府的事权范围与支出责任。因此，政府间财政关系明晰是公共财政的核心问题。根据国际货币基金组织关于政府职能的划分，将财政支出分为四个类别，根据其网站公布的2015年的数据看，对其中32个发达经济体和25个转轨经济体进行了分析，从各项财政支出占财政总支出的比重来看，排在前五位的是：一般公共服务、经济事务、医疗保健、教育和社会保障；2015年，我国各项公共财政支出从高到低排序是：经济事务、社会保障、教育、医疗保障、一般公共服务、住房社会福利和设施等。从上述情况来看，各国在中央与地方政府财政支出结构方面总体趋势就是中央财政占比在30%左右，地方财政占比70%左右，并且中央财政占比还有一定的下降趋势；从中国情况来看，应该讲这个占比现在基本上维持在15%左右。从全球财政支出结构变化来看，财政支出用于经济建设、行政管理等方面的购买性支出呈现下降趋势，而用于医疗保健、教育、社会保障方面的转移性支出呈现明显上升趋势。

我国财政支出结构与这个趋势也是基本吻合的，所以，无论是联邦制国家还是单一制国家，各个国家都通过法律和制度设计，中央政府和联邦政府与地方各级政府依据公共服务范围确定各自的事权与支出责任。同时，明确各级政府的税收权限，一般来说，中央或联邦政府集中主要财力，地方政府支出比例相对较大，财力缺口通过上级财政对下级财政的转移支付来平衡。地方财政支出对上级财政转移支付的依赖程度一般在30%以上，个别国家甚至达到

60%—70%，刚才伏校长讲的边远省份依赖度在中国也是比较高的。从横向转移支付来看，少数国家比如德国通过横向转移支付，我国通过对口支援平衡地区间的财力差距。

各国做法对我国的启示主要有：（1）公共产品层次性决定了各级政府事权与支出责任划分标准；（2）在税权划分上，中央政府一般集中大部分或绝大部分财力；（3）财政转移支付是中央政府平衡省级（或州级）间财力差距的最佳手段；（4）上级政府对下级政府进行财政转移支付测算的依据相对复杂；（5）政府间财政关系是政府与市场关系的直接体现。

第三，新中国财政建设发展是公共财政的坚实基础。新中国成立70多年来，财政收入规模从新中国成立初的60多亿元增长到2020年的20多万亿元；财政收支增长速度稳定在10%左右，个别年份超过30%，不少年份增长速度超过GDP增速。从结果来看，经济建设费用规模逐年上升，但是在财政支出中的比重逐年下降；社会文教费、行政管理费和其他支出规模逐年上升、在财政支出中的比重逐年上升，尤其是改革开放以来增幅较大。

从整个财政建设发展经历来看，新中国成立70多年来经历了三大阶段：第一阶段，计划经济与生产建设性财政，时间跨度从新中国建立之初到改革开放前，主要表现为计划经济和统收统支；第二个阶段，市场化趋向改革与公共财政的构建，时间跨度为1979—

2012年，主要表现为市场化趋向改革和财政的放权让利及公共财政的构建和完善；第三，国家治理现代化与现代财政构建，时间跨度从2013年到现在，主要表现为市场在资源配置中起决定性作用，财政是国家治理的基础和重要支柱。因此，新中国成立以来，财政建设发展为公共财政奠定了坚实基础，这也给我们带来了几点启示：（1）财政工作始终围绕国家不同时期建设发展需要，为经济社会发展提供财力保障。（2）处理好政府与市场间的关系始终是财政职能定位不可回避的话题。（3）明确政府职能与财政职能间的关系也是需要正面回答的问题。财政职能只是政府职能的一个主要组成部分，并不能替代政府职能。在预算安排中应该体现有所为，有所不为。（4）不同发展阶段财政职能定位与国家稳定发展密不可分。（5）良好的政府间财政关系有利于促进国家各方面事业的可持续发展。

第四，事权与支出责任划分是公共财政的现实需要。政府与市场关系在新时代表现为有效市场与有为政府间的关系，有为政府又主要体现在各级财政事权与支出责任划分上。换句话说，财政事权与支出责任划分是公共财政属性实现的制度安排。

中央政治局于2014年审议通过的《深化财税体制改革总体方案》明确指出，本着基本公共服务受益范围、兼顾政府职能和行政效率、实现权责利相统一、激励地方政府主动作为和做到支出责任与财政事权相适应等原则，推进中央与地方财政事权划分，完善中央与地方支出责任划分，加快省以下财政事权和支出责任划分。

国务院以推进基本公共服务均等化为抓手，先后印发了《"十三五"推进基本公共服务均等化规划》（国发〔2017〕9号）、《基本公共服务领域中央与地方共同财政事权和支出责任划分改革方案》（国办发〔2018〕6号），明确了基本公共服务领域中央与地方共同财政事权范围，基本公共服务保障国家基础标准，基本公共服务领域中央与地方共同财政事权的支出责任分担方式等。2018—2020年，国务院办公厅又陆续印发了医疗卫生、科技、教育、生态环境、公共文化、自然资源、应急救援等领域中央与地方财政事权和支出责任划分改革方案，针对各领域中央与地方财政事权和支出责任划分给出了明确的界定。根据国务院要求，各省在2019—2021年陆续出台了省以下财政事权与支出责任划分改革方案并付诸实施。

"十四五"规划和2035年远景目标对政府间财政事权与支出责任也提出了明确要求，要更好发挥财政在国家治理中的基础和重要支柱作用，要深化预算管理制度改革，加强财政资源统筹，完善跨年度预算平衡机制，建立权责清晰、财力协调、区域均衡的中央和地方财政关系，健全省以下财政体制、增强基层公共服务保障能力，完善财政转移支付制度和权责发生制政府综合财务报告制度，建立健全规范的政府举债融资机制。

第五，现代财政制度构建是公共财政的必然选择。应该讲，进入新时代，财政应有所为，有所不为，这是公共财政的基本定位，也是必然选择。要构建现代财政制度需要处理好四个方面的关系：一是处理好有效市场与有为政府之间的关系；二是处理好社会主要矛盾决定的公共服务支出、民生支出和社会发展支出之间的关系；三是处理好新发展格局决定的财政收入来源基础与支出重点方向之间的关系；四是处理好经济社会发展与财政可持续发展之间的关系。有鉴于此，完善财政制度，优化财政支出结构成为财政可持续发展的必然。有几点基本的粗浅认识和思路：（1）坚持中国共产党对现代财政制度建设的全面领导；（2）正确处理好国家、财政与市场的关系，进一步完善财政功能；（3）进一步完善中央与地方财政事权与支出责任划分，充分调动央地"两个积极性"；（4）规范财政支出范围，切实提高财政资金使用效益；（5）加大对中西部地区的转移支付力度，保障地方提供基本公共服务能力；（6）加强民生类支出，完善社会保障体系，增加社会公平；（7）大力压缩一般性支出，进一步提高经费使用效率；（8）全面实施预算绩效管理，花钱必问效，无效必问责。

专家研讨
ZHUANJIA YANTAO

李春根
江西财经大学

为实现财经类高校教学研究成果增量提质,可以从激励因素和保荐因素两方面推进。激励因素是内在的,具有一定的稳定性和持久性,难以在短时间内迅速改变;保荐因素是外在的,相对而言更具灵活性和可变性。在宏观、中观、微观三个层面形成合力,宏观层面既需要教育主管部门充分考虑教学研究的性质和特点,改革教师评价和科研评价;中观层面需要各财经类高校改善教师的教学研究环境,为教学研究提供制度和资源支持,培育教学研究文化;微观层面需要高校教师个体改变"重科研轻教学"的观念,破除"高校教学研究是高等教育专业研究人员专利"的固化思维,加强对教学研究"学术价值"的认同。

我汇报的题目是"财经类高校教学研究的现状、原则分析与解决方案——基于双因素理论的视角"。一共包括四个方面的内容。

第一部分，引言。

大家都非常清楚我国高等教育已经由大众化阶段迈入了普及化阶段。内涵式发展已经成为高等教育发展的核心理念。高等教育规模扩张带来了提高教育质量的诉求。特别是去年11月，樊丽明教授领衔的教育部新文科专家组发布了《新文科建设宣言》，提出要把打造质量文化作为新文科建设的重要任务，财经类高校和非财经类高校都承担新财经教育的重大职责和使命。

2018年6月，教育部召开的新时代全国高等学校本科教育工作会议上强调坚持"以本为本"，推进"四个回归"。其中，回归本分就是要引导教师热爱教学、倾心教学、研究教学，对教师开展教学研究提出了明确的要求。2020年10月，中共中央、国务院印发了《深化新时代教育评价改革总体方案》，明确要求"扭转不科学的教育评价导向，坚决克服重科研轻教学、重教书轻育人等现象，把参与教研活动计入工作量"。方案以纠偏的形式要求全国各高校检视自身的教师评价机制和科研评价机制。重视教学研究成了各高校制度改革的价值取向，再一次进入了学者的研究视野。同时，在以专业认证为代表的各项教育教学评估中，教学研究的重要性日益凸显。

我这个研究从逆向产出视角，从普遍认可的三类教学研究成果形式，即教学改革与研究课题、论文和教学成果奖入手，描述财经类高校教学研究的现状，进而分析存在的问题及原因，并提出解决策略。以10所财经类高校（上海财经大学、中央财经大学、对外经济贸易大学、中南财经政法大学、西南财经大学、东北财经大学、江西财经大学、浙江工商大学、首都经济贸易大学、上海对外经贸大学）为研究对象，通过各省市教育厅官网（教改课题、教学成果奖）、中国知网（教改论文）和教育部官网（国家级教学成果奖）等获取三类成果资料。

第二部分，财经类高校教学研究的现状。

通过梳理近十年教改课题、教改论文和教学成果奖的数据发现，财经类高校教学研究现状总体表征为成果数量、质量双偏低现象。下面从三类指标进行分析。

一是省级以上教改课题立项情况。教改课题立项情况既体现了教师开展教学研究的旨趣，又反映了高校对教学改革研究的重视程度。因省级及以上教改课题由省级以上教育主管部门组织立项，每个省市的具体做法不一，设置的总体立项指标有差别，不同省市的财经院校在省级以上教改课题的立项数上情况差异较大，总体上，财经类高校的教改课题立项数较少，各高校之间也存在一定差异。

二是教改论文。教改论文是教学研究的理论成果，是对教学实践的经验反思与总结提升，也是教学研究最具学术价值的同行交流与评价的方式之一。2010—2020年，被中国知网收录的教改论文达33.48万篇，年均发表数量为3.04万篇；财经类院校教改论文发表总数为1.05万篇，年均发文数为957.4篇。10所财经类发表总数为1207篇，年均109.7篇，每校年均仅11篇；其中，教育类CSSCI教改论文发表总数仅153篇，年均13.9篇，每校年均1.4篇。

三是教学成果奖。教学成果奖是教学领域的殊荣，国家级教学成果奖更是教学领域的最高奖项。2009—2020年，10所财经类高校省级教学成果奖数从15项到71项不等，国家级教学成果奖获奖数总体较少，仅有6所高校平均每年可以获得1项，中南财经政法大学、浙江工商大学、首都经济贸易大学10年才获得1项国家级教学成果奖，西南财经大学和上海财经大学每届获得2项已属遥遥领先。

第三部分，财经类高校教学研究量质偏低的原因分析。

教学研究是一项复杂的系统工程，核心要素是教师。财经类高校教学研究成果量质齐低的深层次原因是教师开展教学研究的意愿不强和能力不足，本质是高校教师工作中时间和精力分配的冲突，倾向于将更多的时间和精力聚焦于专业科学学术研究中，双因素理论提供了一个很好的分析视角。该理论的研究对象工程师和会计师与高校教师有一定的同质性，都从事脑力劳动，受过良好教育，属于专业技术人员，而且具有比较稳定的收入和社会地位。

按照双因素理论，导致高校教师教学研究意愿不强和研究能力不足的，既有保荐因素方面，也有激励因素方面的原因。大学教学研究的起步晚、教学研究自身的特点和成果输出渠道不畅可以归结为激励因素方面的原因，而高校关于教学研究体制机制激励不足、认识不充分等可以归结为保荐因素方面的原因。

一是认识不充分。大学教学研究起步晚，我国高等教育学的建立是在20世纪80年代以后。几十年来，高等教育研究的制度化使得研究者身份日益专业化，成为高等教育学专业的特有领域，而与广大高等院校教师无关。现在的大学教师，基本上都受过良好的科学研究训练，尤其是具有硕士学位和博士学位的青年教师，普遍认为教学是比较简单的知识传授。由于这方面认识得不充分，教师在主观上就会对教学研究的重视程度不足。

二是方法不到位。高校教师普遍非教育学专业出身，在教研方法上天然存在不足，尤其是青年教师，大多没有接受过系统的教育教学课程学习，在教学行为方面是模仿者和被动接受者。尽管高校在青年教师入职初期提供了系列培训，但由于培训时间短，针对性不足，培训多关注系统教学理论的传授，导致青年教师难以基于学科特性展开教学实践，更难以进一步开展有深度的教学经验总结和教学反思，形成高质量的教学研究。

三是渠道不畅通。我国现阶段教改课题和教学成果奖限项申报，且后者评选周期相对较长，省级教学成果奖2年评1次，国家级教学成果奖4年评1次，获奖难度很大。同时，高校教学研究改革类论文的发表渠道狭窄，一般综合类期刊基本不开辟教改论文栏目，而高等教育类期刊也更青睐于教育理论成果，对教学实践的经验总结和教学反思类论文刊发较少。

四是激励不到位。在高校评价中，普遍存在遵循"科研至上"的逻辑，重科研、轻教学，重专业学术、轻教学研究的现象。如在制度上，论文数量和质量是教师评价、职称晋升、人才评选、工作量计算、绩效工资和奖金分配中独占鳌头的硬指标，而教学研究成果难有一席之地。在此背景下，教师自然纷纷将时间、精力偏向"名利双收"的专业学术研究上。期待《总体方案》真正树立本科教学工作中心地位。

五是投入产出不匹配。专业学术研究的论文、课题和奖项的特点相对周期短、投入少、易评价，而教研论文、教改课题、教学成果奖项等教学研究相对而言周期长、投入多、难评价。同时，前者是可以个人完成，后者则需要团队的协作。高校教师尤其是青年教师不经过长时间的培养、实践和训练，也难以将碎片化的教学心得和教学反思上升为教学理论，难以形成教学研究成果。

第四部分，双因素理论视角下的解决策略。

为实现财经类高校教学研究成果增量提质，可以从激励因素和保荐因素两方面推进。激励因素是内在的，具有一定的稳定性和持久性，难以在短时间内迅速改变；保荐因素是外在的，相对而言更具灵活性和可变性。从宏观、中观、微观三个层面形成合力，宏观层面既需要教育主管部门充分考虑教学研究的性质和特点，改革教师评价和科研评价，又需要期刊出版行业为教学研究提供畅通的教研成果推广环境；中观层面需要各财经类高校改善教师的教学研究环境，为教学研究提供制度和资源支持，培育教学研究文化；微观层面需要高校教师个体改变"重科研轻教学"的观念，破除"高校教学研究是高等教育专业研究人员专利"的固化思维，加强对教学研究"学术价值"的认同。

一是改革评价制度，强化外部牵引。各级教育主管部门积极推动教师评价和学术研究评价制度改革，坚决贯彻落实《总体方案》精神，引导高校重视教学研究、投入教学研究，重视提升高校教师对教学研究的直接贡献。期刊出版行业拓宽发表宣传渠道，鼓励开辟教学改革与研究栏目。积极探索教师评价体系改革，努力构建教研成果分享平台，移除高校教师参与教学研究活动的障碍，力图通过评价改革和平台建设，提升高校教师进行教学研究的外部牵引效应。

二是激发内部活力，培育内部驱动。各高校做好顶层设计，全校一盘棋，根据自身校情学情，改革教师成果认定制度和职称评审制度。将教研成果和科研成果置于同等重要的地位，进一步推动教研成果认定办法改革、工作量计算办法改革，以及职称评审制度改革，最大程度激发教师教研活力。注重培养教师研究教学、反思教学、交流教学的责任感，培育教师推进教学研究的内部需求。关注教师参与教学研究活动的过程激励与产出激励；促进教师科研成果、实践前沿随时转化为教学内容，构筑师生共同体，培育高校教师进行教学研究的内部驱动效应。

三是加大培训交流，激发能力提升。探索教师教学研究能力培训与交流机制，持续提升教学研究水平。各高校要充分结合校情，做好教师教学研究能力提升培训规划，以专题形式系统开展国家高等教育政策、人才培养理论、课程体系构建、教育教学艺术、教学技术创新、文本撰写规范等的培训。高校充分利用教师教学发展中心，建立教师教学研究互动机制、分享机制和培训机制，激发高校教师进行教学研究的能力强化效应。疫情以来，财政学教指委组织得非常好，举办了很多期线上线下的分享会，建议进一步经常化制度化。

四是夯实基层组织，聚合团队力量。夯实学院基层教研组织，充分发挥学院、系部和教研室在教学研究方面的基础性作用。发掘教学业绩突出、教学投入热情和有教学研究潜力的青年教师，重点培养，树立典型，尤其注重团队的梯队建设、交流机制和激励机制。聚焦培育和发展教育学一级学科点、聚焦新文科建设和研究，尤其是新财经建设的研究与推广等，形成一批有影响力的教研成果，形成高校教师进行教学研究的团队聚合效应。

专家研讨
ZHUANJIA YANTAO

刘怡
北京大学

随着经济的发展,产业结构的演变,财政收入的质量值得关注。新中国成立以来的数据显示,财政收入结构跟产业结构变化密切关联。伴随着农业占比下降,服务业占比大幅度提升,来自服务业的税收占比伴随服务业的产业结构的增加而变得日益重要。数字经济的快速发展使跨地域远程提供服务的能力极大增强,区域竞争空前激烈。

我要讲的题目是"区域竞争与财政收入质量"。

随着经济的发展，产业结构的演变，财政收入的质量值得关注。新中国成立以来的数据显示，财政收入结构跟产业结构变化密切关联。伴随农业占比下降，服务业占比大幅度提升，来自服务业的税收占比伴随着服务业的产业结构的增加而变得日益重要。数字经济的快速发展使跨地域远程提供服务的能力极大增强，区域竞争空前激烈。

比较税收收入的构成可以看到中国和发达国家之间的差异，比如美国所得税占税收总收入的比重与中国货物和劳务税的占比是一致的，也就是说我国货物和劳务税占比高，而美国所得税占比高。中国以货物和劳务税为主体的税收制度是否适合现在的数字经济的发展？值得认真思考。

如果我们把人均GDP跟货物和劳务税的占比放在一起观察可以发现，人均GDP越高，货物和劳务税的占比越低。各国经济发展的历史证明，随着服务业在经济中的占比提高，货物和劳务税的比重应该下降。我们要高度重视增值税对经济活动的扭曲。

各地一般都通过税收返还招商引资，比如返还实缴增值税的40%，因增值税中央和地方五五分成，实缴的40%就是地方留成部分的80%需要返还给企业；而企业所得税一般按实缴的32%返还企业，由于企业所得税中央和地方六四分成，地方留成40%，实缴的32%，同样是地方留成部分的80%。一些流动性强的税基可能会要求更高比例的税收返还。

从财政的基本理论来看，地方的财政收入到底哪些是真的？有多少是可以支配的？税收返带来名义税负和实际税负之间巨大的差异，地方可支配财力大打折扣。中央立法地方执行过程中基于政绩，基于招商引资的需要让我们看到财政收入实际的状况非常值得关注。

截至2021年11月4日，140个包容性框架中的137个国家都签署同意最新的全球税改革方案，支柱二下，跨国企业要求达到最低15%税率。国际税收规则的调整影响有多大？我们的估算如下：从上市公司数据看，2002年29.89%的企业实际税率低于15%，2009年这一比例为43.54%，2020年上升到56.69%。使用国泰安中国A股上市公司数据计算有效税率低于15%的比例54.54%，优惠集中的"软件和信息技术服务业"企业整体税率偏低，82.14%的企业有效税率低于15%。

为应对国际税收规则的调整提出以下建议：一是着力规范地方财政奖补方式，提高财政收入质量；二是调整地区间税收分享规则，适应区域协调发展，比如我们一直主张增值税按照消费地原则，而不是生产地原则在区域之间分享；三是优化税制结构，逐步提高直接税比重，应对国际税收规则的调整。

专家研讨
ZHUANJIA YANTAO

孙开
东北财经大学

中国财政学科的建设和基础理论方面的研究根植于本土，汲取国际经验，在探索过程中不断地向前迈进，发展和动态引人瞩目。目前财政学科和财政理论发展中有三个方面的问题值得思考：一是关于财政的基础理论问题；二是财政理论与财政实践之间的互动问题；三是财政学科进一步发展和建设的问题。

这几年以来，国内兴起了新一轮的财政基础理论和财政学科建设方面的研讨的热潮，而且也取得了很多进展和成果。中国财政学科的建设和基础理论方面的研究根植于本土，汲取国际经验，在探索过程中不断地向前迈进，这方面的发展和动态引人瞩目。

多年以来，财政研究方面曾经出现的一个现象就是关于财政改革和实践方面的研究比较多，这个方面的研究容易出成果，容易引起关注，而相比较之下，财政基础理论研究方面的成果偏少，也许是因为基础理论的研究往往是需要坐得住冷板凳的，出成果的难度也相对较大。可喜的是，现在这种现象有一种正在得到逐步改变的苗头或者状态，目前很多论坛、讲座、教材专著出版、论文发表等，很多都是围绕财政基础理论问题而展开的，这是很好的现象，包括今天这样的一个研讨会也是如此。

财政学科建设和发展以及财政基础理论研究方面出现新一轮的热潮，有它深刻的背景，这值得我们思考。看待一个事物，认识它存在和发展的深刻背景，这一点不可忽视。背景也是构成一个事物的基本因素，而且也是该事物背后的一个不可忽视的力量，对事物的发生、发展和演化产生着重要的影响和推动作用。财政学科的发展背景也是如此，目前财政学科发展变化的深刻背景至少可以从以下几个方面来认识。

第一，改革开放已经有40多年了，经济社会发展有了巨大的变化，相应地，财政理论和实践也有很多新的发展，这方面的发展值得我们去梳理、总结和归纳。

第二，党的十八大和十九大以来，中国特色社会主义建设和发展进入了新时代，对财政理论研究和财政实践的发展也提出了新的要求。还有一点，现在正值中国共产党建党100周年，咱们也在回顾中国财政的百年变革，有许多经验值得我们思考，值得我们总结。其中，有新民主主义革命时期的根据地财政和战时财政，有社会主义革命和建设时期的建设型财政，有改革开放和社会主义现代化建设新时期的财政，有党的十八大以来中国特色社会主义新时代的财政。回顾过去的100年，我们党在各个历史时期都十分重视财政，注重运用财政手段和杠杆服务于党的根本任务，而财政在各个时期也确实发挥了巨大的、不可替代的作用。这方面的经验及发展规律，值得我们进行思考和总结。

第三，是新文科建设的背景。新文科建设的过程中，要求我们适应新时代哲学社会科学发展的新要求，推进哲学社会科学的教学、研究与新一轮科技革命和产业变革的交叉融合。在这一方面，我们财政学科也不能缺席。

第四，是与兄弟学科，比如说与金融等相近学科相比较所引发的思考。和兄弟学科相比较，我们财政学科在自身取得发展的同时，也面临着很大的压力和紧迫感，这一点也和财政学科自身的特点有关系的。

目前财政学科和财政理论发展中有这么几个方面的问题值得我们思考：一是关于财政的基础理论问题；二是财政理论与财政实践之间的互动问题；三是财政学科进一步发展和建设的问题。

在财政基础理论中，关于财政本质和属性的问题尤其引人关注。关于一般意义上的财政范畴，对于财政的一般认识，大家已经有共识了。财政本身的主体是谁，它的目的是什么，它的运行机理是什么，它的主要内容是什么，大家心里都有数，我们都是研究财政的，都知道自己在做什么、在研究什么。在这方面，需要从准确的视角，作进一步全面、系统、深入的认识、归纳和阐释，既和市场经济相适应，又体现出政府和公共领域的特色，还要立足于中国实际，从而进一步揭示中国本土财政理论和实践的规律性。关于财政基础理论，一个二级学科几十年来一直在持续研究它的基础理论中的本质和属性问题，这种情况可能还是比较不多见的。这种情况的原因，也许是源自财政本身的特性、特点，是由其自身规律决定的。实际上，基础理论和基础学科具有重要的、关键性的作用。我们经常讲的航空发动机、芯片和人工智能这些技术，看起来是一些尖端的技术问题，实际上关键问题还是基础学科和基础理论，比如数学方面的研究。发展基础理论并不容易，不是一件轻而易举的事情，因为基础理论和基础学科研究有它的特点，需要大量的人、财、物投入，需要反复地实验，还需要时间，想弯道超车并不容易，想走捷径也并非易事。所以，基础理论很重要，是进一步发展的基础。我们现在研究财政基础理论，这个也是一种责任。

财政理论和实践之间的互动问题，关系到立足于中国的财政理论讲好中国财政实践的故事，这就需要使财政理论和学说根植于我们的本土和实际。还有一个情况，财政学的研究方法现在正在发生快速而深刻的变化，计量经济方法已经融入并作用于财政学的教学和研究之中，财政涉及的范围、财政学的触角也越来越广，财政学和兄弟学科之间的关联性也越来越密切。在重视财政理论和实践相互关系、相互作用的过程中，也需要重视财政教学中的理论与实践相结合问题，包括重视实践教学，重视教学改革。刚才李春根校长发言中提到统计结果表明，东财教师发表的教学改革论文比较多，这也不奇怪，因为东财在教师评职称的时候就有发表教改论文方面的相关规定，这就是指挥棒的作用和导向的效果。

关于财税人才培养，还是要坚持复合型人才导向，兼顾应用和研究，不应偏废，要强调复合型，重视理论课程、实践课程的合理设置，优化课程体系，重视课程思政，提倡各个学校之间教学特点和特色的沟通交流。财政学科建设需要坚持立德树人，在创新人才培养、精品课程建设、教学成果产出、教学实践基地建设、创新创业教育等方面投入更多精力，着力培养具有历史使命感和社会责任心、富有创新精神和实践能力的各类创新型、应用型、复合型优秀人才。通过转换人才培养模式，改进教学质量，提高教学水平，创新教学手段，重视理论与实践的结合，有针对性地为社会输送高层次、应用型、创新型人才。要发挥财政学科教师团队的整体优势，加强对学生学习和研究方法的训练，为学生开展学习和科研活动创造条件。

专家研讨
ZHUANJIA YANTAO

刘蓉
西南财经大学

根据地方政府举债带来的货币化扩张的效应，财政与货币政策需要紧密地协同，货币政策的制定应该紧盯地方政府债券的发行。现行的央行和财政部门的配合机制中比较精确的政策的制定，需要确保宏观领域的货币供应量，形成一个稳定的状态。地方政府债券的发行计划应该与货币管理部门保持信息畅通和共享。应该加强地方政府债券的发行期限管理，由于货币扩张的速度会随着债券久期的增加而增加，应该保持债券期限结构的合理适度，避免债券发行的风险。

我今天汇报的题目是"地方政府举债的货币扩张效应及其政策协同",是基于财政政策与货币政策协同的一个思考。

刚才云南财经大学的伏校长提到了财政与金融的问题。在我们财政学界做了很好的探索,上海财大、人民大学的研究者们,还有财科院的刘院长,中央财大的教授都做了很好的理论梳理,我就从一个小的视角,地方政府的债务问题的角度,观察货币的扩张现象来讨论财政金融政策协同,现在我们的主流财政理论里忽略了金融以及货币的问题。

从研究的背景与意义来看,无论是当代的主流财政理论还是主流货币理论,都将中央银行视为一国货币流通的唯一调控主体,进而忽视了财政部门对货币流通的实际调控作用。主流财政理论基本上不涉及货币流通领域,而主流货币理论则将中央银行视为理所当然的、唯一的货币调控主体——这导致主流财政理论与货币理论在财政政策与货币政策的关系问题上都缺乏应有的解释力和预测力。因此,基于我国地方政府债务特征研究其货币效应具有理论与现实意义。

根据事实特征的分析发现,地方债的发行与货币扩张同步。我们做了2009—2020年地方债的发行规模与广义货币M2的波动关系图，黑线代表的是城投债发行的规模的波动，是左轴，而有星号中间有圆点的线代表的是地方政府债券发行规模的波动，右轴代表的是虚线代表的M2增速的波动。

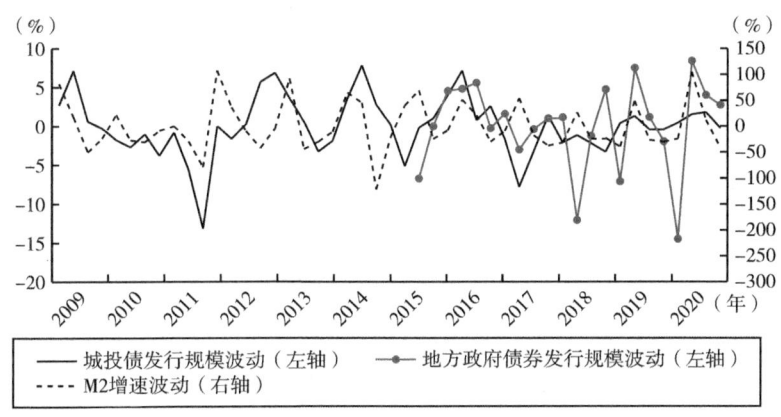

图1　地方债发行规模与广义货币M2的波动关系

注：图中数据均为季度值，经过X-12季度调整后取对数值并进行HP滤波处理后得到。城投债和M2数据的时间跨度从2009年Q1至2020年Q3，地方政府债券的数据从2015年Q1地方政府具有合法举债权开始至2020年Q3结束。

从图中来看，以城投债为表征的表外债务，它与M2有一定的波动同步性，尤其2010年Q4至2014年Q4，2017年Q4至2020年Q3之间两者的同步性较高。以地方债券所表征的表内债务在2015年Q3至2016年Q4，2018年Q4至2020年的Q3期间与广义货币的M2也具有较强的同步性。因此，从这个事实来看，从宏观经济城投债的发行规模的波动与货币的波动来看，我们认为地方债与货币扩张确实出现了同步的现象。下面我们就来分析一下两者同步的原因是什么。我们找出了以下几个点。

第一个原因是货币供给内生机制的作用，由于地方举债促使了商业银行的资产扩张，进而增大了存款货币的创造，也就是说地方举债通过银行，银行的资产扩张可能就带来了存款货币的再发，其实特别是2015年我们地方债置换可能就是一种存款货币新的创造。

第二个原因是地方的举债难易度受货币政策的影响而形成同步。地方政府举债受到货币政策宽松的直接影响而发生同步的变化，在我们的数据里发现，以城投债所表征的表外债务更可能出现这个情形。

第三个原因是货币政策对地方举债的同向配合形成了一种同步。为了降低地方举债的成本和对债券市场的冲击，地方政府举债的时候，央行的货币政策一般采取宽松来进行配合。这个时候的货币政策就处于被动的地位，尤其是以地方政府债券所表征的表内债务更可能出现这种情形。

第四个原因是以上三种原因混合在一起的一种组合。

简单来看，这个机制分析，根据内生货币的供给理论，商业银行可以通过资产的扩张创造存款货币，这是2019年孙国峰教授做的一个研究，对货币供给有原因性的作用。地方政府举债在一个内生货币的创造过程中发挥着怎样的影响呢？我们认为可能有以下几个问题需要思考：（1）地方政府举债对货币供给究竟有着怎样的作用机理和影响。（2）货币政策与地方政府举债的协同配合是否意味着央行独立性的丧失？（3）协同配合应该遵循怎样的原则，因为现在我们认为单一地依靠央行或者依靠财政确实难以发挥对宏观经济的作用，需要政策协同。

研究通过一个宏观模型发现，首先，地方政府举债确实具有货币扩张的效应。测算出来的结果是1%的举债会推升货币乘数0.39，这个比例不大，我们是通过债券的久期=5年测算的，因为城投债的规模是比较小的，它能推高货币乘数0.39，其他的发行还有其他的渠道。所以，这个比例虽然小，但是它对货币扩张的影响确实存在，并且是不可小看的。

其次，它的作用机理，举债会冲击信贷溢价上升，激励商业银行资产扩张，杠杆率升高，更多的现金要从银行体系之外流向体系内，这样又会造成货币乘数上升，又会带来货币供应量的增加，这是它的渠道一。渠道二是商业银行的资产扩张更多地投向地方政府的债券，导致信贷的头寸增长较少甚至直接减少，这就是财政的挤出效应，这就是传统经济学讲的政府的扩张、举债的扩张对私人信贷的挤出，这样最终货币供应量的扩张与产出的萎缩的共同结果会引致经济货币化程度加深，最终推高资产的价格和通货膨胀，这是我们讲的两个作用机制。

文章研究的结论就是为了抑制地方政府举债带来的货币扩张的效应，货币政策应该采用反向的配合，就是采用适度从紧是一种比较好的办法，不然货币的扩张可能对市场的冲击会更大。这是我们的一个简单的结论，采用反向的配合。

最后，我们想提三点建议，第一，根据我们观察到的地方政府举债带来的货币化扩张的效应，我们认为财政与货币政策需要紧密地协同，货币政策的制定应该紧盯地方政府债券的发行。现在可能央行和财政部门在配合，但是其中一种比较精确的政策的制定可能还不到位，这样的话需要确保宏观领域的货币供应量，它有一个稳定的状态。第二，地方政府债券的发行计划应该与货币管理部门保持信息畅通和共享。从前年央行和财科院的论战来看，我们觉得信息的沟通与共享应该讲不是很通畅的。第三，应该加强地方政府债券的发行期限管理。由于货币扩张的速度会随着债券久期的增加而增加，所以，应该保持债券期限结构的合理适度，否则会增加债券发行的风险。

专家研讨
ZHUANJIA YANTAO

吕冰洋
中国人民大学

马斯格雷夫概括的财政三职能实际是国家三职能的一部分,它仅强调财政的生产性职能和部分产权再分配职能。国家治理是经济、社会、政治、文化和生态这"五位一体"的治理体系,其中,经济、社会和政治是核心。在经济治理、社会治理和政治治理三种形式治理之间,它们的共性治理目标是"公共秩序",对应的分别是经济秩序、社会秩序和政治秩序,治理的逻辑结构是"社会失序——公共秩序"。

这次会议的主题是财政基础理论与财政学科建设，在财政基础理论中，一个核心问题是"财政职能"。对此，国内财政学界从新中国成立开始，就不断对这个问题有所争论。目前，国内外广泛接受的是马斯格雷夫"三职能"论，即财政职能是：资源配置职能、收入分配职能、经济稳定和增长职能。显然，这三个职能均是从经济角度考虑的。如果从推进国家治理现代化角度看，这三个职能是有很大局限性的。

国家有三个职能：保护性职能、生产性职能和产权再分配职能。以此判断，马斯格雷夫概括的财政三职能实际是国家三职能的一部分，它仅强调财政的生产性职能和部分产权再分配职能。国家治理是经济、社会、政治、文化和生态这"五位一体"的治理体系，其中，经济、社会和政治是核心。在经济治理、社会治理和政治治理三种形式治理之间，它们的共性治理目标是什么呢？我认为是"公共秩序"，对应的分别是经济秩序、社会秩序和政治秩序。

公共秩序是怎么遭到破坏的？当识别出秩序遭到破坏的根源时，才可以有针对性地设计财政制度，使其发挥建设良好公共秩序的作用。冲击公共秩序的有外部因素和内部因素，外部因素来自外部力量的冲击，如战争、灾难等，由于外部冲击具有不可预知性，我们关注的是内部因素的冲击。以自由竞争为特征的市场经济发展，一方面极大地释放生产力，另一方面也对原有社会秩序和政治制度造成严重冲击。这种冲击的来源主要有三种。

第一，人与自然商品化破坏原有的社会秩序结构。早在1945年，波兰尼在其名著《大转型：我们时代政治与经济的起源》中就指出，市场既是一种自由的力量，也是一种野蛮的力量。如果不对这种力量加以控制，那么"一般而言，经济进步总是以社会混乱为代价的"。为什么市场经济发展会伤害到社会？原因在于，在前市场经济，经济"嵌入"社会中，经济与社会是一体的。市场经济的发展分为两步，先是商品自由流动，然后是以人、土地、资本为代表的生产要素自由流动。这势必会经历一个经济从社会中"脱嵌"过程，而这种过程将破坏原有社会秩序结构，增大社会失序的风险。我国改革进程中国企职工下岗、农民工进城、农用地遭到侵吞等现象均是典型代表。

第二，利益分化导致社会控制碎片化。市场经济本质上是一种自由的力量，在这种自由力量冲击下，国家对社会的政治与经济控制要逐步放松，社会领域会出现多元化的利益诉求，由此会涌现出大量的社会组织。社会组织发展具有双重属性，一方面，它可为参与者提供保障，部分承载政府的职能，可以减轻政府的负担；另一方面，它又是强有力的集体行动载体，对政府权威可能造成挑战。面对如此众多的社会组织，原有的国家支配社会的模式会逐渐瓦解。

第三，"创造性破坏"进程会冲击原有秩序。经济增长和技术变革通常伴随着经济学家熊彼特所说的"创造性破坏"。持续的经济增长要求创新，而创新必然伴随创造性破坏，在经济领域内就是新的取代旧的，在政治领域内就是破坏已经建立起来的权力关系，这是一个打破稳定与重建秩序的过程。随着我国经济越来越迈向技术前沿，这种"创造性破坏"的影响也会越来越大，而为了实现创新发展战略，我们只有积极面对这种影响，激发地方政府和微观经济主体的积极性。

根据上面揭示的财政与经济和社会关系分析，财政职能实际上能够体现国家的三个职能，而这恰恰是建立现代财政制度的内在职能要求。因此，传统意义上的财政职能要拓展，以与提升国家治理能力的目标相匹配。

按照"市场失灵—公共物品"的逻辑结构，公共秩序可作为财政研究的基础，对应的逻辑结构是"社会失序—公共秩序"。怎么才能算是增进公共秩序呢？这主要体现在两个方面。

一是体现在秩序的活力上。市场经济天然是自由的经济，没有个人行动自由，就无法保证商品和要素市场的自由流动，也就无法保证市场在资源配置中发挥决定作用。也正因为如此，弗里德曼指出，"市场保证了个人自由本身"。增进公共秩序的体现之一，就是激发个人、社会组织、地方政府的活力，使其能在广泛的交易范围、在广阔的社会空间里活动。

二是体现在秩序的稳定上。市场交易范围的扩大、市场分工的深入、社会组织的活跃、政府间竞争的激烈，会使得各市场参与主体信息不对称性提高，而不对称信息容易激发机会主义行为，为此，建立一个保证承诺有约束性、并能强制执行的规则是非常有必要的。

那么，如何增进公共秩序呢？本文认为，在经济、社会和政治的治理方面，应实现三个目标：经济有效率、社会有秩序、政治能包容。为此，需要财政职能的重新界定。我认为，现代财政制度的职能为保护性职能、生产性职能和分配性职能，这三个职能也是国家的职能，财政作为国家治理的基础和重要支柱，它的职能自然与国家职能是重合的。

在新的历史节点上，面对百年未有之变局，党中央反复强调"统筹发展安全""办好发展安全两件大事""更可持续、更为安全的发展"。落实在财政上，就是要同时发挥财政的"生产性职能"和"保护性职能"，而且，这两方面职能的关系是辩证统一的：对经济和社会秩序的保护会更好地促进发展；发展是解决一切问题的基础和关键，包括实现经济社会以更好地保护。中国在2020年应对全球性新冠疫情的表现，充分说明了财政两方面职能的重要作用和辩证关系：一方面，财政通过减税降费、财政支出来保证"六稳""六保"等措施的落实，让经济社会迅速恢复秩序；另一方面，强调"积极的财政政策要更加积极有为"，建立以财政政策和货币政策为主要手段的宏观调控体系来推动经济稳定发展。

为实现现代财政制度的三项职能，财政政策就不能仅体现在经济政策上，它还应体现在社会政策上。经济政策与社会政策的区别是，经济政策关注的是稀缺资源的分配，而社会政策关注的是社会需要的满足。为充分发挥现代财政制度的职能，财政政策应继续采用各项经济政策外，还应强调它的社会政策方向，就中国的现实而言，它主要体现在以下几个方面。

一是奠定实行社会政策的制度基础。实现社会政策的前提必须是国家能够对社会实施有效控制，财政要为政府对社会的控制提供丰富的手段。以税收来说，我国税制以间接税为主，间接税的纳税人主要是企业，这使得国家仅能对企业实施有效控制，而对个人控制较弱。以个人或家庭为纳税人的主要税种是个人所得税和房地产税，这两大税种分别体现个人或家庭的收入和财产信息，通过对这些信息的掌握，政府可合理高效地渗入家庭这个社会细胞内部。就财政预算来说，在基层推行参与式预算，让人民参与财政预算的讨论和管理，可有效地建立政府与社会互动关系，并化解社会风险。

二是保护人们的政治和社会权利。市场经济的发展会深刻地影响人们的生活，一部分社会组织会在冲击下削弱和涣散；另一部分社会组织会形成和崛起，在此背景下，不同阶层人们的政治和社会权利随之受到影响，财政要积极有为地保护人们的政治和社会权利，例如，通过社会保障支出来保护弱势群体的生存权，通过教育支出合理安排保障人们受教育的权利，通过环境保护支出来保护生存环境，乃至通过推行税收法定原则、推行参与式预算保障人们的参政权。

三是促进社会公正。传统财政职能强调财政的收入分配职能，实际上，仅就经济意义而言，收入分配也只是部分地体现人们的经济平等状况，除了收入分配之外，公共服务分配、税负分配、财富分配都会影响人们之间的经济平等。个人所得税、转移支付、就业政策、公共服务支出、间接税、财产税等一系列财政政策对这四种分配均会产生较大的影响。从社会意义看，一方面，经济平等仅体现社会公正的一个侧面；另一方面，还要体现人们的政治权利和社会权利相对平等，财政预算制度、社会保障制度、财政收支制度等都会深刻地影响人们的政治权利和社会权利。因此，财政政策既要推动经济公平，也要推动政治权利和社会权利公平。

专家研讨
ZHUANJIA YANTAO

白彦锋
中央财经大学

财政基础理论的生命力在于解决我们所面临的一些现实性的问题。数字经济、平台经济的发展，尤其是疫情的冲击，带来了"双失序"问题。一是平台经济出现了资本的无序扩张和垄断问题；二是从财政上来说，税源在加速向平台经济的注册地或者总部所在地进行集聚。要破解平台经济发展中的"双失序问题"，需要我们从财政基础理论，尤其是财政再分配上进行创新。

当今财政学基础理论确实面临着百年未有之大变局，在这种情况下，财政学基础理论也有很大的发展空间，而且从财政学基础理论的生命力来讲，它就在于解决我们所面临的一些现实性的问题。

一、我国平台经济发展造成的财政经济"双失序"问题

人们都说现在经济发展进入元宇宙时代，我们面临着很多平行世界，数字经济、平台经济的发展，尤其是疫情的冲击，带来了所谓的"双失序"问题。

第一，从初次分配，也就是以看不见的手作为引导，平台经济的发展出现了中央所讲的资本的无序扩张和垄断问题。这个问题从财政上来讲，相当于一种自然垄断。因此，2021年12月的中央经济工作会议强调，要正确认识和把握资本的特性和行为规律。社会主义市场经济是一个伟大创造，社会主义市场经济中必然会有各种形态的资本，要发挥资本作为生产要素的积极作用，同时有效控制其

消极作用。要为资本设置"红绿灯",依法加强对资本的有效监管,防止资本野蛮生长。要支持和引导资本规范健康发展,坚持和完善社会主义基本经济制度。

第二,从财政上来说,财政收入的分配调节上我自己感觉也面临一种失序问题,也就是税源在加速向平台经济的注册地或者总部所在地进行集聚。一方面导致了税源的输出地税收征管的扭曲,也就是说这些地区税源外溢之后会加大对本地其他税源的征管;另一方面导致了平台经济的所在税收征管的不足。所以,平台经济发展过程中初次分配和再分配的双失序问题在某种程度上都是存在的。我们要扎实推进人民的共同富裕,党的十九届六中全会也提出要增进两个确保,尤其是确保习近平总书记核心领导地位,以及中央的宏观调控。为此,2021年12月以来,浙江等地税务部门开始为薇娅等直播销售的网红开展税收征管秩序的规范执法,可以说将推进数字经济、平台经济这些经济的新业态在发展中规范、在规范中发展。

二、对财政再分配理论进行创新,为我国平台经济发展占领制高点奠定财政体制基础

其实早在21世纪之初,IMF世界银行有个叫坦兹的专家就提

出了财政白蚁（fiscal termites）的概念，他认为数字经济和平台经济的发展在很大程度上对财政这座大厦，尤其是财政汲取能力的一种看不见的侵蚀，很多财政收入都在这个过程中蒸发掉了。数字经济的发展为地下经济、灰色经济的滋生提供了土壤。如何解决这个问题，我国的金税工程四期，包括智慧税收在加强这方面的征管，国家税务总局也祭出了监管利剑，对一些违反税法偷逃税的网红个人所得税进行了税收执法。

李俊生教授提出新市场财政学，市场财政学主要针对的是百度搜索引擎这样一种具有自然垄断性质的准公共产品的有效制约问题。当前我们面临的平台经济的发展，在很大程度上也可以通过新市场财政学的一些理论来加以解决，来加以阐释。根据世界银行2015年发布的一个关于数字经济的研究报告可以看出，与以前的历代技术革命相比，数字经济的发展速度要快得多，为什么？蒸汽轮船在发明160年后才普及到印尼，电力产生后60年就到了肯尼亚，计算机15年后就应用到了越南，而手机和互联网的普及速度只用了短短几年的时间就到了发展中国家。所以，经济的发展是在一个加速的过程中。

2021年以来，元宇宙的概念也是非常火爆，元宇宙的解释有很多，但是微软董事长说其实今天我们本来应该去上海财大开会的，但是这种视频会议系统也有一种元宇宙的感觉。这个所谓的"元宇宙"或者平台经济在很大程度上反映了我们经济向数字经济迭代升级的一种发展趋势,这种发展趋势在财政经济上出现了"双失序"问题,一个是在平台经济自身的发展过程中出现了消费者权益受损,市场不公平竞争,收入分配差距拉大,以及区域财力加大的结构性问题,这些和我们建设共同富裕的方向都是背道而驰的。同时,平台经济在发展过程中还存在我们刚才所说的财政分配失序的一些表现。欠发达地区因为税源流失,要加强对于留存现有税源的征管造成扭曲,发达地区即使它在把平台经济虹吸过去,但虹吸过去之后它的税收做不到"应收尽收",他们存在一种共谋的现象,这样导致它的所在地税收存在漏征。可见,被虹吸的欠发达地区的税收"征管过度"与平台企业所在发达地区之间的"征税不足"问题之间形成了鲜明的对比。这不仅是征收的问题,财税上讲税收的竞争在很大程度上表现为财政的竞争,也就是财政给这些平台经济的所在企业以过度的税收返还,造成了平台经济发展的"双失序"。

平台经济我们如果从新市场财政学的角度进行分析,它具有这样一些特征,第一是轻资产,平台经济的发展经过数据信息大量集聚,很多资产已经通过嵌套的形式剥离了。第二,平台经济还具有很强的规模经济效应,也就是先入局者一旦进入之后,后入局者再想跟它竞争就很难。第三,平台经济具有一定的准公共产品的特征。它的辐射范围容易造成自然垄断。第四,平台经济的发展具有很大的攻击性,为了维护自身的利益,平台经济会精准地向用户投送广告,采取一种数据茧房乃至数据杀熟的方式进行竞争,获得其垄断收益。

在这种情况下,平台经济的新型用工关系导致财富从低技能的劳动群体向高技能劳动群体进行过分的集聚,导致财富分配出现两极分化。可见,随着平台经济的发展,税源从欠发达地区向发达地区、从低技能人群向高技能人群的"双重转移"是显而易见的,这些对我们实现共同富裕的目标都提出了严峻的挑战。由于税源在加速地从线下向线上转移,这样的话就导致这个平台经济在进行税收征管的时候流出地一鸟在手胜于两鸟在林,欠发达地区存在很大的税收的征管的扭曲,这是其一。

其二,从平台经济的流入地来看,也是我最开始所说的,小马拉大车,让当地的税务部门完成对平台企业监管的话,税务部门往往会投鼠忌器,心有余而力不足。不仅如此,一些地方政府为了吸引平台企业入驻,还要进行税收返还、财政返还,出现所谓的"客大欺店"的问题。

其三,出现所谓的税收漏征问题。征收不足造成了整体的国家的税收流失。这是世界银行IMF专家坦兹早在2003年的时候归纳出来的由于数字经济和平台经济的发展导致的美国各个州的税收的流失比率,我们国家还没看到类似的测算。

这种情况下怎么治理?就要发挥财政作为国家治理基础和重要支柱的支柱性作用。以证券交易印花税为例,沪深两地作为全国的证券交易平台，当然现在北京也有证券交易所，沪深两地是一个证券交易所，它的股民分布在全国各地，但是证券印花税的收入最终上缴中央，这样可能在体制机制上帮助我们在很大程度上破解这样一个难题。市场监督管理总局把平台企业分成超级平台、大型平台、中小平台，我们在税收征管上，尤其是税收的财政归属上对这些企业应该有重新的认识，运用新市场财政学的方式来破解税源输出地和流入地，以及流入地和中央宏观调控部门之间现在存在的这样一种税收征管的困局。

也就是说，要破解平台经济发展中的"双失序"问题，也需要我们从财政基础理论，尤其是财政再分配上进行创新，将"财政再分配"分为两个层次。第一，收入侧，要对税收征管秩序进行规范。国家仿照针对大企业的税收征管，指导平台企业注册地地方政府代表国家对其加强税收征管。这样做的好处是使税务部门对平台企业的税收征管做到应收尽收；同时也为地方政府之间对平台企业的竞争降温和规范，使地方政府"为国收税"而非"为本地方征税"。第二，支出侧，对于平台企业的"虹吸行为"，发挥好我国的体制优势，在支出侧通过税收返还和转移支付等方式进行平衡，促进税收和收入在不同地区、不同人群之间的公平分配。这就有望推动我国财政体制和数字经济之间实现良性互动、相得益彰，为我国占领数字经济这一高质量发展新业态的制高点奠定财政体制基础。

专家研讨
ZHUANJIA YANTAO

石绍宾
山东大学

财政学的专业建设,首先要加强专业的深化与拓展,包括国际税收专业、国有资产管理专业等,争取在新增专业点上有所突破。其次要加强学科交叉方面的探索,许多高校在财政学专业或税收学专业已有的专业里进行了一些探索和试点,形成了比较好的改革信号。最后要注重新方向的建设,包括数字财政、数智财政以及数字税收方面,都可能是未来的重大创新点。

今天汇报的题目是"新文科建设背景下的财政学专业发展"。在新文科建设宣言发布以后，关于新文科怎么建设已经基本上形成共识，我们把它概括为"四新"，即新专业（新方向）、新课程、新模式和新理论。我今天主要谈第一个方面。

首先看一下2012年以来文科专业种类及专业点的变化情况。2012年以来，大部分的文科（除哲学类外）专业种类都在增加，经济学由原来的6类变成9类，增长50%。结合新文科建设，我们再看另外一组数字。新文科建设中新设专业排名前8的包括：健康服务管理、大数据管理、互联网金融、航空服务艺术与管理、艺术管理、供应链管理、马克思主义理论、金融科技等。可以看到，前8名里并没有财税方面的专业。其次，新文科建设非常重视推动交叉专业，包括工文交叉，医文交叉，农文交叉，理文交叉和文文交叉，在这些列举的新文科专业中，没有财政或者税收方面的专业。

截至2020年，全国财政学类专业（包括财政学专业和税收学专业）一共有198个专业点，其中财政学专业和税收学专业基本上是各占一半。从分布的高校来看，综合性大学财政学专业布点比较多，财经类高校二者基本持平，税收学略多一些；其他高校（包括独立学院）税收学专业点比较多。从中也可以看出不同类型高校在财政学类专业布点上的一些特点。

我们再看看最近几年财政学类专业点的新增情况。2015年新增7个专业点，2016年8个专业点，2017年新增6个专业点，2018年新增5个专业点，2019年新增3个专业点，2020年新增5个专业点。除2017年新增了两个财政学点外，其他新增的全都是在税收学专业点上。

从这个数字来看，应该说财政学和税收学专业点的增加比较缓慢。这里做一个对比，我们看一下金融学类的新增专业情况，可以看出，金融学类每个专业点都有新增，而且数量还比较多，特别是金融科技专业。前面专家都提到财政学科建设，要把它做大做强，首先要有一个很大的本科专业基础。因此，我们始终会面临这样一个专业点的"数字焦虑"。

再看一下国内所有本科专业的门类、专业点以及学生数的情况。从中我们可以看到，文科专业不管在专业门类、专业点、布点高校，还是在校生数量上，大体占到全国高校的一半以上。再看一看经济学大类的数字，整个经济类在校生接近100万人，毕业生20多万人。对比中可以非常明显地看到，财政学类专业毕业生1万多人，招生数1万多人，在校生5万多人。从任何一个口径来看，财政学类都只占经济类的5%左右。所以，我们经常有这样一个非常大的感慨，财政是国家治理的基础和重要支柱，财政作为一个学科来讲意义重大，但是在专业的建设上又比较小。

关于下一步财政学的专业建设，我想首先要加强专业的深化与拓展，包括国际税收专业、国有资产管理专业等，争取在新增专业点上有所突破。其次要加强学科交叉方面的探索，许多高校在财政学专业或税收学专业已有的专业里进行了一些探索和试点，都是一些比较好的改革信号。最后要注重新方向的建设。我们现在提到很多新方向，包括数字财政、数智财政以及数字税收方面，都可能是未来新的增长点。

我们期待在新文科建设的背景下同行一起努力，把财政学专业做得越大越好！

专家研讨
ZHUANJIA YANTAO

谢贞发
厦门大学

中国城市"亲清"政商关系健康指数对PPP项目发起和落地都有正向作用,尤其是对PPP项目落地具有重要作用,也有利于促进PPP项目中民营企业出资比例。进一步从地区、回报机制、发起方式、拟合作年限以及项目运作方式等方面开展异质性分析。结果表明,中国城市"亲清"政商关系健康指数对PPP项目发起的促进作用主要表现在对东部地区和政府发起项目上;在中西部地区或者是普通城市,当项目付费方式是政府付费以及可行性缺口补助时,当项目由政府发起、拟合作年限短于20年、采用BOT或者TOT方式运作时,"亲清"政商关系对PPP项目落地的促进作用更为显著。

政府与市场的关系是财政基础理论中的核心问题,有为政府与有效市场的结合是新形势下政府与市场关系的主基调。PPP项目是政府与社会资本在公共基础设施建设中的重要合作模式,也是考察政府与市场关系的重要场域。

根据Wind数据库,截至2021年4月,我国现有13496个PPP项目,总投资金额高达195857.10亿元,其中,处于执行阶段的项目共计7310个,金额为119292.70亿元,落地率为72.62%。PPP项目发起易、落地难是困扰各级政府的重要挑战。在PPP项目的推进中,存在多方面因素影响社会资本方的投资。其中,一个地区的政商关系是影响PPP项目发展的重要因素。2016年3月4日,习近平总书记在看望参加全国政协十二届四次会议的民建、工商联委员时,第一次用"亲"和"清"两个字精辟概括并系统阐述了新型政商关系。这一谈话精神从此成为现阶段构建新型政商关系的指南针和方向盘。因此,研究"亲清"政商关系对PPP项目发展的影响就具有重要现实价值。

一、"亲清"政商关系对PPP项目发展影响的理论分析

对于PPP项目发起,在"亲"的维度上,政府服务、政府关心以及税收优惠等有助于社会资本在与政府的博弈中降低风险并享受到更多政府福利,从而增加一个地区PPP项目对社会资本的吸引力,提高PPP项目成功概率,进而有助于提高政府发起PPP项目的积极性,促进PPP项目的发起。在"清"的维度上,政府廉洁与财政透明度既可以保证竞争的公平性,降低社会资本方非必要的交易成本,也可以降低信息不对称程度,降低社会资本方的不确定性,营造活跃的市场环境。因此,"亲清"政商关系越优良的地区,新发起的PPP项目也会更多。

对于PPP项目落地,在"亲"的维度上,在政府对企业的关心中,官员积极地走访、视察、座谈会等形式有利于政府部门及时了解社会资本方投资项目的整体诉求,同时,也方便与项目出资方交流财政政策、货币政策、税收政策、产业政策等,增加了企业获取信息的渠道,使双方的沟通更加顺畅,增加了匹配的概率,降低了企业面临的政策不确定性。在政府对企业的服务中,较高的电子政

务效率意味着完善的行政审批制度以及政府较高的财政效率，较高的政府服务质量有利于降低社会资本方的行政审批时间，提高项目效率。在"清"的维度上，地方政府财政透明度对PPP模式中企业的出资意愿有显著正向促进作用。财政透明度的提高让社会资本方有途径了解政府真实的财政状况与债务情况，评估政府偿付能力。政府廉洁度也反映了寻租与腐败的可能性，廉洁的政府向社会资本方传达了公平竞争的积极信号，政府公信力提升，履约能力也能得到保证，在一定程度上缓解了社会资本方关于地方政府官员换届或者地方政府发展规划变更所带来的项目不确定性困扰，降低了社会资本方的寻租成本，提高了企业对政府的信心与信任，从而提高了企业参与的积极性。因此，"亲清"政商关系越优良的地区，PPP项目落地概率也会更高。

对于PPP项目中民营企业出资比例，在"亲"的维度上，民营企业与政府间的沟通渠道更多、更便利，从而减弱了民营企业相对于国有企业的政策性信息劣势以及政策不确定性。在政府服务中，行政审批制度改革对于民营企业的影响远大于对国有企业的影响，民营企业有机会享受到与国有企业同质的政府服务，交易成本得到更大幅度的降低，政商关系的改善给民营企业带来的好处更多。在"清"的维度上，民营企业可以更合法、便利地获得政府支持，相比国有企业而言，"亲清"政商关系降低民营企业寻租成本的作用更强。与此同时，政府财政透明度的提升有利于降低民营企业的信息成本，民营企业有机会更深入地了解政府的资金状况、预算执行状况与债务状况，评估政府的履约能力。因此，"亲清"政商关系越优良的地区，PPP项目中民营企业出资比例也会更高。

二、城市"亲清"政商关系对PPP项目发展的实证检验

为了实证检验城市"亲清"政商关系对PPP项目发展的影响，我们利用2017年新发起的PPP项目与中国人民大学国家发展与战略研究院发布的《中国城市政商关系排行榜》数据进行了多元回归和工具变量回归分析。

其中，PPP项目数据主要来源于Wind数据库中的PPP项目特色库以及政府和社会资本合作中心的项目，共计得到3495个地级市PPP项目，并整理了各项目的发起方式、回报机制、实施阶段、运作方式、拟合作年限等信息。PPP项目从发起到落地一般需要较长时间，我们手工整理了2017年新发起项目在2017—2019年处于执行移交阶段且完成招投标过程的项目作为落地项目，并收集相关信息，包含各项目出资方出资金额以及出资比例，并在天眼查中匹配

各出资方企业类型，定义国有出资占比超过50%的企业为国有企业，其他为民营企业，共计收集了1165个项目，涉及项目出资方3051家。各城市"亲清"政商关系数据来自《中国城市政商关系排行榜（2017）》中200多个城市的政商关系指数，包含政商关系健康指数一级指标、清白指数和亲近指数两个二级指标。在"亲"方面，主要关注政府的亲商政策，包括政府对企业的关心、政府为企业提供的各类服务、政府降低企业税费负担等方面；在"清"方面，主要是指政府的廉洁奉公和信息公开，包括政府廉洁度和政府透明度两个细分指标。

  我们的实证结果发现，中国城市"亲清"政商关系健康指数对PPP项目发起和落地都有正向作用，尤其是对PPP项目落地具有重要作用，也有利于促进PPP项目中民营企业出资比例。我们还进一步从地区、回报机制、发起方式、拟合作年限以及项目运作方式等方面进行了异质性分析，结果表明，中国城市"亲清"政商关系健康指数对PPP项目发起的促进作用主要表现在对东部地区和政府发起项目上；在中西部地区或者是普通城市，当项目付费方式是政府付费以及可行性缺口补助时，当项目由政府发起、拟合作年限短于20年、采用BOT或者TOT方式运作时，"亲清"政商关系对PPP项目落地的促进作用更为显著。在分项指数的检验上，我们发现，中国城市"亲清"政商关系对PPP项目发起和落地的促进影响主要体现在政府服务和政府廉洁方面。

三、完善城市"亲清"政商关系，促进PPP项目发展的政策建议

第一，加强地方政府"亲清"型政商关系的构建，提高PPP项目对社会资本方投资的吸引力。"亲清"型政商关系让政商双方有规可依、有度可量，对于打造绿色的政治生态、构建公正的市场环境、营造良好的社会风气、促进有为政府和有效市场建设具有重大意义。完善"亲清"型政商关系，一是各级政府要积极关心企业，开展走访视察等活动与企业沟通，了解企业诉求，增进政企交流。二是提高政府服务质量与办事效率，各级政府应该积极承担责任，明确事权，尽可能地减少企业从事非生产性活动的时间。三是加强"简政减税降费"政策的实施力度，降低企业的税收负担。四是加强财政信息的披露过程，通过信息化建设、多元化媒体等多途径适度有序地提高各级地方政府的财政透明度，财政透明度的提升有利于企业了解政府真实的财政状况，消除一些制度性交易成本与信息获取成本，降低政企双方信息不对称程度，缓解企业的政策不确定性。五是发挥社会公众的监督作用，将权力置于阳光下，减少政府的腐败，

增强政府公信力，降低企业的寻租成本，倡导公平竞争。

第二，构建完善的PPP项目法律法规体系。增强社会资本的投资信心、减少PPP项目中社会资本方风险的最有效措施之一就是为PPP项目构建一个相对完善的法律制度环境。社会资本方在项目中处于弱势地位，较难在与政府的博弈中维护自身的权益，应提高法律级次，制定PPP的指导性、纲领性法律；分领域有侧重地制定适用不同领域PPP项目的相关法规，提高PPP法律法规的适用性和有效性；提高地方政府相关部门PPP项目规范制定的具体性，为PPP项目的每一步骤、每一环节制定可依据的操作规范，从而使PPP项目更具吸引力，增强社会资本方投资积极性。

第三，推进政商关系和营商环境的第三方评估，通过外力反推地方政府改善政商关系和营商环境。政商关系和营商环境范围广泛，难以直接测度。政府可以开展政商关系与营商环境考评，引入专业人士的第三方评价，进一步减少政企双方的信息不对称，也有利于地方政府及时发现问题、解决问题，更好地营造良好的营商环境。

第四，推进区域协调发展，减小不同地区的政商关系不平衡状态。一般而言，城市行政级别越高，拥有更多优惠资源，从而政商关系得分越高。加快推进中西部地区"亲清"政商关系建设，实现区域协调发展，可以进一步带动中西部地区PPP项目对民营资本的吸引力，实现PPP项目地区间均衡发展。

第五，完善PPP项目信息统计及分析平台。完善PPP项目信息统计或分析平台，将不同PPP项目的经验模式、全寿命周期成本、收益水平、社会效益等进行信息录入、统计和积累，可以更直观地为相关行业引入PPP模式提供有益的数据参考或决策支持。既方便社会资本方与政府对新项目进行市场预估，也有利于政府和企业共同从历史数据中总结规律、改进提升，为社会提供更优质的公共服务。

专家研讨
ZHUANJIA YANTAO

方红生
浙江大学

财政学科人才培养应做好以下四点：第一，积极开展数字财税系列课程建设，提升学生适应社会经济发展的能力；第二，积极开展科研驱动式教学，提升学生的研究创新能力；第三，积极开展课程思政建设，提升学生的家国情怀和责任担当意识；第四，积极开展MOOC和中国财税系列教材建设，提升财政学科人才培养的特色品牌建设整体水平。

我今天发言的题目是"新文科建设背景下有关财政学科人才培养的四点建议"。结合中国财政学科人才培养的现状，我就新文科建设背景下有关财政学科人才培养提以下四点建议。

第一，积极开展数字财税系列课程建设，提升学生适应社会经济发展的能力。大家知道，当今社会数字经济快速发展，但是我们的培养方案很少开设数字财税系列课程，这样我们培养的学生已很难适应社会经济发展的需要。为了提升学生适应社会经济发展的能力，迫切需要各高校积极开展数字财税系列课程建设。浙江财经大学钟校长介绍了他们最新推出的数智财政特色班，这是一个有益的积极探索。为了各高校更好地开展数字财税系列课程，我建议教育部财政学教指委组织有关数字财税系列课程的培训。

第二，积极开展科研驱动式教学，提升学生的研究创新能力。大家知道，提升学生的研究创新能力，是高校人才培养的一个重要目标。那么，如何提升学生的研究创新能力？我们的实践证明，开展科研驱动式教学是一条有效的重要途径。那么，如何开展科研驱动式教学？我们认为：在教学内容上，要以"前沿专题、前沿文献、前沿方法"为引领，推进课堂教学内容的革新，将学生引向学术前沿,激发学生的研究兴趣。在教学方式上,采用研讨式教学为主导的多元化教学方法,充分发挥学生的主动性和创造性。在考核方式上,采用以论文写作为重要考核手段,实现"教学、研究、创新"一体化。要将大作业完成质量、论文展示表现和论文写作质量与最终成绩直接挂钩,激发学生研究创新的潜能。在保障机制上,要构建以一流师资力量为根本保障的系统性保障机制,充分发挥科研驱动式教学的威力。其中,(1)一流的师资力量是科研驱动式教学的根本保障;(2)导师制是科研驱动式教学的重要制度保障;(3)Seminar、创新创业训练计划和论文报告会是科研驱动式教学的平台保障,Seminar、创新创业训练计划(包括挑战杯、国创、SRTP等)与论文报告会为学生提供了展现科研能力的平台,有利于培养其创新精神和实践能力;(4)推免政策和毕业论文考核是科研驱动式教学的重要激励机制,推免政策对科研的高要求以及毕业论文质量保障机制双管齐下,前者激励有意向推免的学生,后者倒逼所有学生都积极参与科研驱动式教学。我们认为,由一流师资队伍建设、导师制、Seminar、创新创业训练计划、论文报告会、推免政策和毕业论文考核构成的多重保障机制分别从师资、制度、平台和激励四个方面为科研驱动式教学提供了坚实保障,可充分发挥科研驱动式教学的威力。

第三,积极开展课程思政建设,提升学生的家国情怀和责任担当意识。11月24日，教育部吴岩司长作了《全面推进高校课程思政高质量建设》的报告，要求在高校全面推进课程思政高质量建设，提出了将课程思政推向高质量的六大举措，具有重要的参考价值。我们要以此为契机，积极开展课程思政建设，将中国特色社会主义的道路自信、理论自信、制度自信、文化自信的元素融入课程，尽快做到所有课程全覆盖，让学生自觉坚定四个自信，进而提升学生的家国情怀和责任担当意识。

第四，积极开展MOOC和中国财税系列教材建设，提升财政学科人才培养的特色品牌建设整体水平。中国财政学科人才培养的特色品牌建设整体水平有赖于各高校积极开展MOOC和富有中国特色的财税理论创新和实践创新的中国财税系列教材建设。教育部和国家教材委对此高度重视。虽然中国财政学科在开展MOOC和中国财税系列教材建设方面取得了一定的进展，但是离大家的期望还有很大的差距。应该说，这是一个巨大的机遇。建议各高校根据各自的比较优势，采取独立或合作的方式，积极开展MOOC和中国财税系列教材建设，为提升中国财政学科人才培养的特色品牌建设整体水平作出正外部性的贡献，为提升中国财政学科人才培养的整体水平作出应有的贡献。

专家研讨
ZHUANJIA YANTAO

马珺
中国社会科学院

关于财政基础理论研究，学界应尽快达成最低限度的共识。这样才能够弥合国内学者关于这个问题的根本分歧（如研究对象、研究方法等），才能够推动中国学者提高自身的研究效率和研究质量。应该尽快尽多地参与国际对话，在打通国际对话通道基础上，找出中国财政基础理论研究在国际学术版图的应有位置，呈现财政学基础理论这一中国本土话题的学术价值和它的世界意义。

由于单位的工作安排，过去若干年我做了一些基础理论方面的工作。不敢说自己是在做基础理论的创新，我只是一个见证者，见证了这么多年来财政理论界各位前辈、各位同行辛勤地研究。由于时间所限，今天不适合在这里发表长篇大论，我仅谈一点自己的感受。

首先，到目前为止，在中国财政学的发展历程中，财政基础理论的研究还是相对比较弱势的。今天会议现场人数很多，讨论很热烈，但会后真正有几位能够坐下来持续进行研究，就很难说了。也就是说，当前财政基础理论还是一个小众的研究领域。所以，我对在座的刘尚希院长、上海财大刘小兵院长领导下持续从事的这项工作，非常敬佩。

其次，应当如何看待财政基础理论的这一处境，是不是因为这类研究没有意义才导致它如此小众？我觉得不是。这项研究的现状与它产生和发展过程中的几项不"合"时宜有关。我分析下面几点"不合"是主要原因。一是时代"不合"。改革开放以后的财政基础理论研究，产生于计划经济向市场经济转轨这个过程当中，当时我们对于如何构造一个好的市场经济、如何让市场机制更有用等诸如此类的问题比较感兴趣，而对看上去没什么用的基础理论可能兴趣不大。二是潮流"不合"。这么多年来大家比较重视应用研究，学术界的研究潮流在转向。注重引入西方新的研究方法，而对于范畴、概念和思辨的研究可能也不大有兴趣。三是研究者本身"不合"。到现在为止，关于财政基础理论应该研究什么，应该怎么进行研究，其实我们并没有达成非常一致的共识。我们的老一辈，比如陈共老师他们这一代人没有达成共识；中青年一代，比如在座的两位刘院长，他们各自心中的基础理论在很大程度上也没有达成共识；再年轻一代，仍然没有。在这次会议上会形成一些共识，但是整体来讲仍然是分歧大于共识。

再次，我想说的是，以上几方面的不"合"，可能导致了今天财政基础理论研究的特殊处境，甚至是招致误解。

我们可以感觉到，财政基础理论研究与国内财政学研究的其他领域是相对疏离的，不仅显得比较小众，甚至还有点格格不入。我有时写出文章就觉得无处发表，不知道哪家杂志社会接收它。尽管它是财政学的基础，但在外界看来，它与整个财政学和经济学研究的关联度很弱。这是很令人不解的。

一个延伸的后果是，财政基础理论研究没有办法与财政学同行对话。首先，它与主流的做计量、做应用研究的学问，所关注的兴趣点有所不同，他们很少谈论理论问题。其次，它也很难和国际同行对话。国际上也有学者在做相关的研究，但是在他们的思维里就没有提到过中国，好像中国人没有基础理论，好像中国的财政学研究就是跟着西方在转轨，我觉得这都是误解。这就导致外界对基础理论研究有一些看法，好像是一小拨人空谈，不仅自说自话，还各说各话，这样的学问还有什么意义呢？尽管上述看法是不对的，纯属误解，但是它客观上导致财政基础理论研究的重要性被消解，它的理论意义和实践意义不被彰显，也无从彰显，这是我们当前一定要作为一个重大问题、通过各种努力来进行解决的。

最后，作为一个鉴赏者，我本人也对财政基础理论研究投入了很多精力，我承认它在当前还存在很多不足，但我更能够认识到它的重要意义，因此，我想在此呼吁：

第一，关于财政基础理论研究，学界应尽快达成最低限度的共识。这样才能够弥合国内学者关于这个问题的根本分歧（如研究对象、研究方法等），才能够推动中国学者提高自身的研究效率和研究质量。

第二，我们应该尽快尽多地参与国际对话，在打通国际对话通道基础上，找出中国财政基础理论研究在国际学术版图的应有位置，呈现财政学基础理论这一中国本土话题的学术价值和它的世界意义。我本人也在做这方面的工作。

第三，我呼吁大家多做学术批评。一项研究、一个论点的推出，如果没有人真心地批评你，那不是一个好现象，被批评才意味着被重视。

专家研讨
ZHUANJIA YANTAO

李成威
中国财政科学研究院

"人类社会的演进已经进入一个新的风险社会",面对风险社会的来临,需要有"足够的理论准备和相应的制度安排",即通过财政制度创新,运用财政政策注入"确定性"来对冲经济系统中的"不确定性",以防范和化解经济社会运行中的公共风险,避免公共危机。从公共风险的视角看,财政是一种社会机制,它动员、集中和使用社会资源,调节各种利益关系,化解社会共同体面临的公共风险,构建社会共同体发展的确定性。公共财政学的逻辑起点是风险逻辑,主体是人本逻辑,落脚点是发展逻辑。

我发言的题目是"公共风险财政理论的研究进展",代表中国财政科学研究院"公共风险财政理论"研究小组汇报一下我们的研究进展和取得的一些成果。这个研究小组由刘尚希院长领衔。

一、公共风险财政理论的缘起

1934年,中国著名经济学家何廉和著名学者李锐所著的《财政学》引言部分,指出"吾国社会科学,渐已发达,然国内各大学中,所采用之教科书,仍多为西籍,即有用中文本者,亦大都取材外国事实……所学与所见迥殊,结果思想易陷于分歧,而所学易感隔膜"。基于此认识,何廉教授认为必须基于中国的现实编写中国的财政学。正是有这种感受,他们编写的《财政学》依然值得我们认真学习。近90年过去了,经济学家何廉教授指出的问题在我国依然存在。

早在20世纪90年代,我国的公共财政理论和公共财政实践达到一个高峰,刘尚希研究员以其对中国财政问题的深刻认识和深邃思考,提出了构建在西方财政实践基础上的公共财政理论在解释和指导中国财政改革和实践方面存在逻辑缺陷。从那时起，刘尚希研究员就紧密结合观察中国财政发展和改革实践，开始了公共风险财政理论的探索。1997年发表《论财政风险》、1999年发表《论公共风险》《公共风险与财政抉择》、2002年在《经济研究》发表《公共支出范围：分析与界定》、2003年在《经济研究》发表《财政风险：一个分析框架》。

刘尚希研究员提出"人类社会的演进已经进入一个新的风险社会"，面对风险社会的来临，需要有"足够的理论准备和相应的制度安排"。在此后长达20多年的时间里，他始终关注如何通过财政制度创新，运用财政政策注入"确定性"来对冲经济系统中的"不确定性"，以防范和化解经济社会运行中的公共风险，避免公共危机。

二、公共风险财政理论研究进入快车道

2018年，刘尚希研究员出版《公共风险论》，这是公共风险财政论的一本奠基性的著作，这本著作的出版和中国财政科学研究院财政基础理论研究小组的成立，标志着中国财政科学公共风险财政理论进入了快车道。"廊坊会议""泰安会议""长沙会议"和"南昌会议"对国内相关专家建议的吸收和融合极大地促进了公共风险财

政理论的发展。

结合改革开放40周年、新中国成立70周年、中国共产党成立100周年，中国财政科学研究院运用公共风险财政理论、公共风险财政实践和公共风险财政史观出版了一系列有重要影响的成果，包括《大国财政》《现代财政论纲》《中国改革开放的财政逻辑》《新中国70年发展的财政逻辑》《企业成本：我们的调查与分析》《百年大党的人民财政观》《中国共产党百年历史的财政观察》。近期，中国财政科学研究院财政基础理论研究小组联合国内研究机构和高校财政理论研究青年翘楚完成了《公共风险财政导论》《公共风险财政学》《公共风险财政论》三本专著的初稿，相信经过进一步的修改和打磨，在不久的将来就会呈现在大家面前。

《公共风险财政学》的主要内容包括：时代呼唤公共风险财政学、财政学的逻辑基础、公共风险财政学的分析框架、财政的本质：构建社会共同体的确定性、公共风险的财政行为与制度、风险预算、面对不确定性的财政构建能力、基于风险分配的财政体制、用之于民故取之于民的公共收入、债务的风险与对冲风险的债务、权衡风险的财政政策、全球风险与大国财政等。从公共风险的视角构建了分析财政问题的逻辑体系。

三、公共风险财政理论匹配风险社会和数字时代要求

正如乌尔里希·贝克《风险社会》这本书所写的，在风险社会里，"过去"丧失了它决定"现在"的权力，取而代之的是"未来"。也就是说，某些不存在的、设计的、虚构的事物，成了当下经验和行动的"原因"。我们今天积极作为，是为了避免、缓解或预防明后天的问题与危机——或者干脆什么也不做。风险社会的认识意味着我们对世界的认识、对财政的认识以及对财政学的认识要发生颠覆性变化。

我们认为，站在人类文明的角度，适应风险社会和数字时代要求，财政学要走向现代化之路，体现现代性，应以公共风险论为基础，构建公共风险财政学。从公共风险的视角看，财政是一种社会机制，它动员、集中和使用社会资源，调节各种利益关系，化解社会共同体面临的公共风险，构建社会共同体发展的确定性。公共财政学的逻辑起点是风险逻辑，主体是人本逻辑，落脚点是发展逻辑。公共风险财政学分析框架体现了三个转变：一是从实体理性到虚拟理性的转变；二是从财富分配到风险分配的转变；三是从制度主义

到行为主义的转变。

这些财政学科构建的基本要素和基础框架,是刘尚希研究员长期思考和积淀形成的成果,凝聚了他的心血,表明了他为探索中国特色财政基础理论和财政学科发展、人才培养所做的巨大努力。今天的上海会议,我们听到了很多真知灼见,为我们的研究提供了很多启迪,下一步我们将在今天研讨的基础上进一步深化公共风险财政理论研究。

专家研讨
ZHUANJIA YANTAO

刘守刚
上海财经大学

在中国建设财政政治学是极有传统的。一方面,中国古代有非常多的文献,我跟林矗老师等人合编了一本《中国古代治国理财经典阐释》,虽然收录了一些,但还有更多;另一方面,民国有一些学者在研究财政时涉及大量的政治学内容,我跟刘志广老师合编,选了20本民国财政学著作重新加以出版,来恢复这一传统。目前财政政治学研究的理论基础就是税收国家的理论,强调了税收国家研究的两个方面意义:一个是税收对于国家来说的征兆意义;另一个是税收对于国家的决定作用或者说因果关系。

刘尚希院长说到"要先养孩子，后起名字"。在财政政治学研究方面，我可能走了另外一条路，"先起名字，再养孩子"。在2003年，我跟朱为群老师反复商量为我的研究方向找了一个名称，叫"财政政治学"。在这本《2022年财政发展报告》中，有一个比较长的介绍。

首先，关于财政政治学。自从定下这个名字后，就要追溯它的学术史有什么。一开始追溯的20世纪80年代邓力平老师翻译的马斯格雷夫那本《美国财政理论与实践》，在书里翻译者已经把原文的fiscal politics译为"财政政治学"了。再往前追溯，是19世纪80年代意大利学者，那时候他们把财政学分成三个分支，财政政治学、财政经济学、财政法学。这跟我们今天很像，财政经济学就是我们今天应用经济学之下的财政学研究，财政法学已经成为我们法学下面的一个分支学科了，财政政治学还在发展中。当然，如果说对财政的政治属性进行研究的话，那可以追溯得非常早，我们可以看到孟德斯鸠、洛克还有更早的一些人，都有这样的研究。特别是德国学者，他们是在国家学这个名目下研究财政问题，很显然这样的研究跟政治结合得非常紧密的。在意大利和英国，也有从事类似研究的一些人。

我追溯财政政治学这个学科真正的起源，和我们今天用财政社会学的名称所追溯的起源是一致的，就是1917—1918年的两篇论文，即葛德雪的《财政研究的社会学路径》和熊彼特的《税收国家的危机》，前面这篇论文我已经翻译成中文，后面这篇论文是刘志刚老师和我共同翻译的。这两篇论文我认为是学科的真正起源。为什么不用"财政社会学"，而改用了"财政政治学"这一名称呢？实际上在2001年的时候我就开始使用"财政社会学"，但当时在财政学界说"财政社会学"的时候，还需要跟别人解释我在做什么。可是在后来使用"财政政治学"的时候，大家都知道你要做什么。也就是说，财政学具有政治属性大家都很理解。这两位创始人，之所以用"财政社会学"，是要表达一个什么主题呢？很明显是要表达财政跟国家制度之间的关系，就国家制度可以进一步细分为起源、发展、危机、衰落或进步等这样一些主题，而这样的主题在我们今天的学科体系中是把它放到政治社会学下面。所以，叫"财政政治学"或者叫"财政社会学"似乎都可以。但是用中国现在比较严格的学科体系衡量的话，财政与国家制度之间的关系叫"财政政治学"，在我看来更合适一点。

用"财政社会学"这个名称做研究，在20世纪20—30年代曾经掀起风潮，特别是在德语学者那里。非常可惜，在目前中国财政学界我还没发现有懂德语的老师，所以我们无法翻译这批德语文献。这批德语学者后来在第二次世界大战爆发前后，或被纳粹杀死，或移民到美国去了，而移民到美国的这部分人后来接受了英美财政学的传统，用经济学研究财政问题。大家看到，在英美财政学传统中，从亚当·斯密到约翰·密尔都是这样的，前面研究经济学，到最后一章研究财政，就是将经济学应用到财政领域的研究当中。最典型的可以看马斯格雷夫，他是德国财政学传统中成长起来的，可是到了美国，他却成为我们今天现代公共经济学的创始人。他的学生马丁·费尔德斯坦因在纪念他的文章里写道，马斯格雷夫的贡献是什么？就是把原来历史的、制度的财政学研究，改造成一门用经济学来分析财政行为、税收行为的一门学科。

所以，第二次世界大战爆发以后，财政社会学/财政政治学的研究衰落了，很少有人在做。到20世纪70年代开始又兴起了。有人继续沿用财政社会学这面大旗，出现了一大批的成果，最有代表性的是贝克豪斯和瓦格纳他们2003年编的《财政学手册》这本书。这本《财政学手册》中的论文，完全是用财政社会学的方法写的。另外还有一本代表作品是艾萨克·马丁等人主编的《新财政社会学》。

另外，1973年奥康纳在《国家的财政危机》中极力要求呼吁发展一门叫"财政政治学"的学科，他追溯财政政治学的起源就是葛德雪和熊彼特。用财政政治学作为名称进行研究的也有一批学者，人数少一点，典型的就是加斯帕等人编了一本叫《财政政治学》的书。

从学科角度看，布坎南从意大利财政学传统发展财政学，马斯格雷夫在他晚年一再呼吁重视德国财政学传统，在这里面都有某种财政社会学/财政政治学发展的材料或者说研究的基础。

在学术界有很多人，他们不是从学科的角度来考虑，但在研究时分别使用过税收政治学、支出政治学、预算政治学这样一些名称。这些也是财政政治学发展可供运用的基础。

以上是西方的背景。在中国建设财政政治学也是极有传统的。一方面，中国古代有非常多的文献，我跟林矗老师等人合编了一本《中国古代治国理财经典阐释》，收录了一些，但还有更多。另一方面，刚才李成威老师说到近代中国的财政学文献。民国确实一些学者在研究财政时涉及大量的政治学内容，我跟刘志广老师合编，选了20本民国财政学著作重新加以出版，来恢复这么一个传统。在当前的中国呼吁财政政治学研究，一方面是财政领域的学者，典型的像高培勇老师2002年就在呼吁研究财政的政治学属性；另一方面还有政治学领域的学者，上午刘尚希老师提到政治学者说要研究财政问题，因为财政问题对政治太重要了。以上这些，都是今天财政政治学学科发展的基础。

就我自己阅读的文献来说，目前财政政治学研究的理论基础是什么？就是税收国家的理论。"税收国家"这个词，葛德雪在1917年的论文中已经提到了，但是真正发展成为理论，是在熊彼特这篇文章当中。这篇"税收国家的危机"文章，揭示了税收国家研究有两个方面的意义：一个是税收对于国家来说的征兆意义，另一个是税收对于国家的决定作用或者说因果关系。比如，相当于血液跟我们身体的关系。我们每次体检都要验血，因为血液是我们衡量身体健康程度的标志。熊彼特说税收对于国家的征兆意义，就是说它是反映国家机体健康的标志。与此同时，血液又是影响我们身体健康程度的原因。这就是熊彼特说的财政跟国家之间的因果关系。我们今天谈到的财政与国家关系，大部分是国家通过财政塑造社会，包括刘尚希老师上午说到从风险角度来重写财政学，也是如此。社会有风险，经济有风险，国家通过财政来治理社会的风险，我把这个过程叫作支配逻辑。只注意财政在这一个方面的内容还不够，要注意另外还有一个方面，那就是社会不是被动地接受国家的调控，它还会有反作用，它有可能会通过呼声，有可能通过某种不忠行为，比如最简单的是逃税漏税，还有可能干脆通过某种离开的行为、退出的行为，反过来塑造国家。社会通过财政反向塑造国家的过程，我把它称为"驯化逻辑"。

　　熊彼特的命题更多强调的是，社会怎样反向塑造国家，这就是他提出的税收会推动代议制，或者说税收会促进现代国家的发展这样一个命题。这个命题被后来的学者发展出强弱两种版本：强版本认为，税收跟代议制政府之间存在很强的因果关系；弱版本认为，没有那么强的因果关系，两者之间有协同效应。在熊彼特命题的基础上，后来有一系列的学者都在探讨：到底什么样的税收才能促进代议制的诞生？他们的结论是：如果是向农业收入征税的话，对代议制的发展不利；如果是向进出口征税的话，那对代议制的发展也是不利的（学者们用这个来解释为什么拉美国家始终没有能够发展成为现代国家）。这些都是财政社会学、财政政治学的重要研究。

俄罗斯和波兰在东欧事变以后为什么走上不一样的道路？波兰今天基本上成为一个民主国家了，而俄罗斯到现在还是个寡头国家，也有人从财政角度来加以解释。这是因为，俄罗斯采用的税收政策是向大企业征税，或者向寡头强制借款；而波兰一开始就是向劳动所得征税。这样，前者不需要国家跟社会的谈判，而后者发展起来一个谈判的结构，创造出一个更有国家与民众互动的制度结构。这是财政政治学/财政社会学所做的另外一项重要研究。

还有一些国家，特别是第三世界国家，为什么不能顺利地成长为一个现代国家呢？有人的研究认为，这些国家的财政收入，不是通过征税，而是通过租金获得的。租金中有的是自然资源的租金，比如说卖石油、卖钻石可以获得大量的财政收入；租金中还有的是因为它在国际上的战略地位比较好，得到大量的外援。无论是自然资源租金还是战略租金，对现代国家制度的发展都是不利的。

最后简短说一下关于财政政治学理论体系的设想，在我个人的阅读经验当中，对于新的财政学理论体系构建设想得最完全、最完整，也做出最大努力的应该是理查德·瓦格纳。他是布坎南的学生，也是长期的合作者，他很多的思路是继承或者延续了布坎南的研究方向。大家可以了解下他基于意大利财政学传统建构了一种什么样的财政学。他认为，我们现在的财政学来自开明专制时期，一个开明专制的君主坐等财政学家的建议，财政学家告诉他什么样的资源配置结果是好的，然后他就按照这个建议去做，而且能够做得到。但是在民主政治下，情况并非如此，并不是一个开明专制者想做什么就可以做什么的，事实上民主的国家相当于一个广场，是无数的行动者在广场中行动合力形成国家的行为。

本人今年承接的国家社科的一个课题，就是构建中国特色的财政政治学理论体系。我个人的想法是，结合马克思和熊彼特的理论。马克思有一个经典的论断，认为国家制度的产生，是政治国家和非政治国家之间的协调。从这个论断出发，我认为财政制度是国家和社会之间互动的产物，同时又是国家和社会进一步互动的中介，从这个理论出发，加上刚才谈到熊彼特税收国家理论的两个方面，一个是支配与治理，另一个是反向的塑造，结合在一起形成的理论体系大概有三个部分：第一个是反映财政自身的研究，即征兆的意义，国家社会互动如何产生财政制度,这样的制度反映了什么样的国家的性质;第二个是社会经由财政对国家的反向塑造,这就是财政与国家的因果关系,也是熊彼特理论的核心内容;第三个是国家经由财政对社会的支配治理。

专家研讨
ZHUANJIA YANTAO

郭长林
上海财经大学

近年来财政学领域的研究进展和教材建设之间存在不同步性，具体来说是在财政学的研究当中，实证方法得到了越来越广泛的运用。但是目前国内外主流的财政学教材依然以介绍财政学理论为主，研究现状和教材建设之间存在明显的差异。财政基础理论应坚持"双主线"，从逻辑上讲，以因果识别方法为主；但是从内容上讲，将财政学基本问题贯穿其中。这样，基本上能够兼顾财政学内在的逻辑线索，既能够反映财政学领域的研究现状，又能够将实证方法与财政学理论进行融合。

在今年发布的《财政发展报告》中，我负责《计量财政学》部分的撰写工作。下面，我就《计量财政学》的编写情况向各位专家做一个简要汇报，主要讲三个方面的问题，分别是编写的动机、思路和编写体例。

首先介绍《计量财政学》的编写动机。之所以编写这样一本方法导向的财政学教材，主要是因为在财政学课程的教学过程中遇到了一些实际的问题，突出表现在两个方面：首先是近年来财政学领域的研究进展和教材建设之间存在不同步性，具体来说是在财政学的研究当中，实证方法得到了越来越广泛地运用，但是目前国内外主流的财政学教材依然以介绍财政学理论为主。研究现状和教材建设之间存在明显的差异。其次是财政学相关专业的学生，关于财政学理论的学习是在财政学的课堂上，但是对于数据分析方法的内容是通过其他课程来掌握的，在将相关方法运用于财政领域时，在过渡上存在一些壁垒，不利于将理论分析和数据分析在财政领域实现有机融合。

从国外文献的状况来看，很明显实验方法和各种准自然实验的方法在财政学领域中的应用呈现上升态势。国内的情况也基本类似，在对2006—2015年6本中文经济学权威期刊的统计中也能看到，运用实证分析方法的研究占比超过50%，而且这种趋势仍在延续之中。

其次介绍《计量财政学》的编写思路。在构思这本教材的过程中，最核心的问题就是按照什么线索来组织相关材料，因为在这本教材中存在"计量"和"财政"两个重要元素，尺度很难拿捏。撰写思路大致有两种：第一种思路沿用目前主流财政学教材的模式，仍然以介绍财政学理论为主，实证方法进行补充；第二种思路采用"双主线"的设计，从逻辑上讲，以因果识别方法为主；但是从内容上讲，将财政学基本问题贯穿其中。两种思路各有利弊：第一种思路的好处在于这本教材更像是一本典型的财政学教材，只是在实证方法的介绍上进行了强化。但是，这种思路的弊端也很多。比如，按照这种思路所编写的《计量财政学》难以使学生循序渐进地对方法进行学习，同时也就难以凸显这本教材方法导向的特色，与市面上流行的财政学教材相比，缺乏辨识度。第二种思路的好处在于能够全面弥补第一种思路的短板，不仅凸显了这本教材的特色，而且使学生循序渐进地对相关方法进行学习。但是，在这种思路下，最明显的一个问题就是这本教材是不是一本财政学类的教材。

权衡再三，我们将采用第二种思路进行编写，这里的一个基本看法是：决定教材性质的并非方法，而是具体涉及的问题和内容，通过两条主线的穿插进行，并突出实证方法的财政学运用背景，能够克服第二种思路的主要缺点，实现运用以方法为导向的方式对财政学的基本问题进行介绍。

在这种编写思路下，遵循循序渐进的原则依次介绍实证方法的同时，在每一个方法下，都精选相关的财政学研究案例，对基本的财政学理论问题进行介绍，基本上能够兼顾财政学内在的逻辑线索，既能够反映财政学领域的研究现状，又能够将实证方法与财政学理论进行融合，在很大程度上解决财政学教学过程中的相关问题。

专家研讨
ZHUANJIA YANTAO

谷成
东北财经大学

近年来，国内财政学界对财政在国家治理中的职能进行了有益探索，这些研究对于现代财政制度的构建具有重要参考价值。在以治理主体多元化、治理结构分权化、治理方式民主化为主要特征的现代国家治理背景下，财政也超越了经济范畴，从提高政府对社会成员需求的回应性和负责程度、保障社会成员参与公共决策、降低社会运行成本、增加社会成员对社会制度的认同感、实现国家长治久安等维度发挥着越来越重要的作用。现代国家治理强调政府对公共需求的回应性和负责程度，并通过财政体制的优化提高社会资源在公共部门的使用效率，降低以税收为主要补偿方式的国家治理成本，避免因公共产品成本过高引致的资本和劳动力流出。

我汇报的题目是"新中国主流财政理论演进"。

理论是人们在实践中形成的对客观世界的一种系统化的认识，理论的生命力也在于它对现实的解释能力。世界处于变化之中，经济和社会环境的发展要求财政理论能够在实践中发现新的规律，切实回应现实问题，为政府财政活动提供科学的指导。新中国成立以来，随着经济体制改革的推进和深入，与政府收支相关的制度安排经历了计划经济时期的"统收统支"财政体制、由计划经济向市场经济过渡的"放权让利"式财政体制、与市场经济相契合的财政体制等多次改革，对财政职能的认识也由政府收支活动及其对经济活动主体的影响逐步扩展至国家治理层面。现代财政制度的建立基于现代国家治理的实践，对既有的财政理论进行考察，分析它的贡献和局限，对于构建符合现代国家治理需要的财政体系十分必要。

一、建立于计划经济初期的国家分配论

20世纪50年代兴起的国家分配论把财政的本质定义为一种以国家为主体的分配关系。在国家分配论之前,在财政理论界占据主导地位的是源于苏联的货币关系论。随着中苏关系的恶化,国家分配论面临的政治阻力也逐步消退。1964年在大连召开的全国财政理论研讨会将财政的本质概括为无产阶级专政国家基于履行职能的需要,对社会产品和国民收入形成的一种分配关系,从而确立了国家分配论的主流地位。

国家分配论不仅满足了当时的理论和政治需要,而且契合了中国传统上"家国同构"的治国理念。自古以来,"溥天之下,莫非王土;率土之滨,莫非王臣"的价值观和"利出一孔"的思想一直盛行于中国社会,尽管社会成员在国家的庇护下可以得到或使用某些财产,但国家可以随时根据需要对这些财产进行征收或征用。"家国一体"的文化传统将子女对家长的顺从延展至社会成员对国家的服从,深刻地影响着社会成员对包括财政收支在内的政府行为的认知。更为重要的是,国家分配论与将行政命令作为国家财政运行的推动力量、政府活动范围覆盖整个社会的计划经济存在着天然的一致性,这也使国家分配论在和剩余产品分配论、再生产决定论、社会共同

需要论等观点的争论中一直处于优势地位,在政府收支活动中发挥了重要作用。

在以国家为核心的社会资源分配体系中,不仅地方政府成为中央政府的附属机构,企业也缺乏独立的经济利益。个人附属于单位,劳动者的福利和社会保障等相关支出由单位承担。相应地,财政的服务和管理对象实际上就变成了各种企业和单位,而无须直接面对个人。当存在利益冲突或矛盾时,也按个人服从集体,集体服从国家的原则处理。尽管国家分配论对指导计划经济时期的政府收支活动具有重要理论价值和现实意义,但在向有计划的商品经济过渡以及建立和完善社会主义市场经济的过程中,其局限性也逐步显现。市场经济中的经济活动主体具有相对独立的经济利益,国有企业在一定程度上失去了计划经济条件下获得的保护和优待,非公有制企业也希望在竞争中受到更为公平的税收待遇。随着企业办社会职能的剥离,个人逐渐由单位的附属转变为独立应对社会活动的经济主体,需要政府提供包括社会保障在内的公共产品和服务体系,以替代原本由所在单位承担的福利保障。此外,市场经济要求政府通过经济杠杆间接调控经济的稳定与增长,以取代政府采用行政手段直接干预经济的计划运行模式。面对上述需求,国家分配论未能充分解释市场经济框架下政府活动的范围和界限、税收水平以及财政支出的规模和结构等问题,对这些问题的回答在很大程度上取决于政府与市场关系的定位和理顺,急需新的理论为财税体制改革提供依据和指导。

二、适应市场经济发展的公共财政论

在社会主义市场经济体制的建立过程中,有关财政理论的探讨逐渐兴起。安体富、高培勇(1993)认为,国家财政的职能范围受制于体制环境。计划经济体制下的国家财政在国民收入分配中居于主导地位,几乎覆盖了包括政府、企业、家庭在内的所有部门,形成了所谓"生产建设财政"。相反,市场在市场经济条件下成为社会资源的配置主体,政府起补充作用,其必要性仅体现在"市场失灵"领域,主要包括执行公共事务,提供公共产品,满足公共需要,因而也被称作"公共财政"。张馨(1997)指出,并不是所有的财政活动都具有公共性。例如,臣民社会中的财政直接服务于封建君主,属于"家计"财政而不是"公共"财政。此外,当政府作为生产资料的所有者、政治权力的行使者和生产经营的组织者存在于计划经济体制时,企业也无可避免地成为政府的行政附属。由于企业和家庭未能构成独立的非政府部门,因而整个社会生产都表现为政府活动。在这种情况下,财政就难以构成为企业和社会成员提供服务的

"公共财政"，实际上是政府自我服务的"单元财政"。市场经济要求财政由政府的自我服务转变为向市场中的经济活动主体提供公共服务。此后，公共财政论逐步形成。

公共财政论指出，作为一种服务于市场经济的财政模式类型，公共财政是为校正市场缺陷而向经济活动主体一视同仁地提供公共产品的政府收支活动。公共财政要求政府退出市场能够有效运行的空间，将政府调控经济的范围限定于市场失灵领域。经济活动主体适用平等的财税政策，消除因差异化财税政策而导致的企业间不平等竞争。此外，与要求经济活动主体不计报酬、无偿奉献的计划经济相比，市场经济强调等价交换和权利与义务相对等的原则。公共财政论认为，政府通过提供公共产品和服务使社会成员受益，社会成员也必须缴纳税收作为成本补偿，税收体现了政府与经济活动主体之间的互利关系。简言之，公共财政论基于承认市场在资源配置中的基础性作用展开，其贡献在于明确了政府与市场的作用边界，将政府介入市场经济活动的范围限定为市场失灵领域，认为只有在政府活动的效率高于市场的情况下，才有必要实施干预，从而在理论上限制了市场经济条件下政府在执行职能过程中出现的错位行为。

随着市场经济的完善，公共财政论的解释能力日益增强，成为占据主流地位的财政理论。需要指出的是，公共财政论基于福利经济学方法考察财政的职能和范围，财政制度被视为政府基于社会福利函数最大化目标所做的安排。该范式擅长回答的是如何按照整个社会的帕累托改进标准制定相关的税收和财政支出政策，而对政策制定和执行过程中如何协调经济活动主体的多元利益诉求以及由此而导致的结果与预期目标的偏离考虑不足。实践表明，政府职能的执行者不仅是公共权力的代理人，也是追求自身利益最大化的社会活动主体。除公共利益外，他们还能够对所处的环境约束和面临的激励机制做出反应，从而导致政府财政活动偏离社会福利最大化的目标。从这个意义上看，政府财政目标的形成、决策方式以及实施过程都体现了包括社会成员、各级政府以及各类组织等具有不同利益和偏好的主体，通过多种身份和途径参与社会活动的结果，而不再取决于某一决策主体单方面的主观预期。如何通过财政制度的完善提高各级政府对社会成员在公共需求领域的回应性和负责程度是现代国家治理面临的新课题。

三、现代国家治理框架下的财税理论探索

公共财政论从理论上界定了政府和市场的职能界限，为建立与社会主义市场经济相契合的财政体制提供了理论支撑。但在经济体

制改革的推进过程中，仍存在着政府直接配置市场资源和直接干预微观经济活动等问题，市场在资源配置中的决定性作用未能得以充分发挥。针对实践中的问题，党的十八届三中全会再次强调，作为全面深化改革的重点，经济体制改革的核心问题是处理好政府和市场的关系——使市场在资源配置中起决定性作用和更好地发挥政府的作用。相应地，财政被定位于国家治理的基础和重要支柱。党中央对经济体制改革的部署和财政的职能定位使理论界再次面对公共财政论的审视和反思：为何理论上对市场作用和政府职能的清晰界定，在用以指导中国财政改革的实践中却未能产生预期的结果？是否有必要，以及如何对公共财政论加以完善？现代财政制度的建立需要怎样的理论指导？

高培勇（2014）指出，国家治理主体包括政府、社会组织和居民个人；财政不仅仅是一个经济范畴，也涉及政治、社会、文化和生态文明等多个层面。吕炜（2017）认为，财政是国家通过政治权力对社会资源进行汲取、支出和管理的制度安排，既有经济属性，又有政治属性；在国家治理框架下，财政理论需要思考政府与市场、国家与社会、人大与政府、中央与地方等重要关系。刘晓路、郭庆旺（2017）分析了国家与财政的关系，认为新中国成立后财政理论经历了由"计划经济财政学"发展到"市场经济财政学"，再到"国家治理财政学"的三段历史，指出考察政府的制度沿革对于探索中国的财政职能定位问题而言十分必要。刘尚希等（2018）以风险社会和不确定性世界观为研究背景，考察国家治理与财政间的关联性，指出公共风险治理是国家治理的核心要义，化解国家发展中的不确定性和公共风险有赖于公共理性水平的提高，财政是国家治理的总中枢、发动机和蓄水池。吕冰洋（2018）考察了国家治理与财政的关系，将经济脱嵌于社会、利益格局分化以及创造性破坏等进程归因于市场经济的发展，包括组织动员能力和市场增进能力在内的"国家能力"决定了国家治理，而权利开放与权威维护、社会保护与控制、经济稳定与增长等国家治理目标决定了财政制度设计。李俊生、姚东旻（2018）指出，基于市场失灵的英美财政理论具有本质上的实用主义特征和政策导向的偏狭性，制约了财政学的发展及其对实践的解释和预测能力，对政府与市场关系的考察证明了市场失灵理论难以作为支撑当代财政科学的理论基础。李永友（2018）认为，财政是各种团体就理财进行的集体决策过程，其逻辑起点是共同体和无知面纱，政府在理财决策中不应具有超越其他主体的特权，理财的公共决策包括对政府负责理财事务时自身利益诉求的限制，如何通过满足社会成员公共需要保证国家良序运行是财政面临的根本问题。

可见，近年来国内财政学界对财政在国家治理中的职能进行了有益探索，这些研究对于现代财政制度的构建无疑具有重要参考价值。事实上，经济社会的发展、社会思想与价值观念的变化都推进了财政理论的发展。例如，植根于计划经济体制的国家分配论围绕国家这一核心要素展开对政府收支活动的分析和探索，相应地，作为计划经济时期的主流财政思想，国家分配论也顺理成章地成为指导政府财政实践活动的理念和原则。在由计划经济体制向市场经济体制转轨的过程中，明确资源配置的主体以及实现主体角色的转换的前提是厘清政府与市场的关系。从理论上阐释政府与市场的关系并回答财政活动的边界等问题不仅是推进经济体制改革的需要，也为公共财政论的孕育和发展提供了土壤。党的十八届三中全会"财政是国家治理的基础和重要支柱"的论断和建立现代财政制度的战略目标不仅为现代国家治理框架下的财政理论构建奠定了基调，也确定了新时代中国特色社会主义财政制度改革的方向。

四、建立现代财政制度面临的核心理论问题

现代国家治理是包括政府、社会组织和居民个人等在内的多元参与主体，通过正式或非正式制度执行公共事务、解决社会问题的过程。在以治理主体多元化、治理结构分权化、治理方式民主化为

主要特征的现代国家治理背景下，财政也超越了经济范畴，从提高政府对社会成员需求的回应性和负责程度、保障社会成员参与公共决策、降低社会运行成本、增加社会成员对社会制度的认同感、实现国家长治久安等维度发挥着越来越重要的作用。在现代财政制度框架下，尽管政府在公共收支安排中仍居于核心地位，但已不再是唯一的参与和决策主体。社会成员在市场经济体制改革的过程中，也逐步由附属于所在单位的个人转变为按照国家法律规定享有权利并承担义务的公民，个人在居住地区和工作单位之间的流动和选择越来越普遍。当社会成员越来越多地以国际化的视角考量和比较国家的治理能力和公共服务供给水平时，"溥天之下，莫非王土；率土之滨，莫非王臣"的传统价值观念也受到了挑战。相应地，当社会成员有越来越多的途径对公共事务表达诉求并参与决策时，"家计财政"和"单元财政"越来越难以满足现代国家治理的需要。此外，从政府的角度看，地方政府在提供公共产品和服务的过程中，对辖区居民偏好和需求的反应也与中央政府存在或多或少的差异。一如公共财政论在理论上明确了政府与市场的关系，进而在实践中为公共财政体制的建立提供了指导，建立现代财政制度则须厘清政府与社会成员以及中央政府与地方政府的关系，以解决中国财政制度中存在的诸多问题。

现代国家摆脱了臣民社会的专制主义属性，通过政治程序进行集体决策，回应并满足社会成员诉求。在地域广大、人口众多的情况下，基于节约交易成本的需要，社会成员按照权利平等的原则选举代表建立代议机关，代议机关在取得社会成员认同的基础上行使国家权力。值得注意的是，在社会资源和政府收入有限的情况下，财政支出很难满足所有社会成员的需求，需要对社会成员的意愿和诉求进行整合。尽管目前理论上对政府财政活动及其效应的研究被划归经济学范畴，但在实践中，无论财政收入还是财政支出，都是由政治程序决定的。通过政治程序将社会成员的各种诉求转化为公共决策进而安排政府收支，是现代国家治理框架下确保政府职能合意性的前提。相应地，政府不仅是制定公共决策的重要参与主体，也是公共事务的执行部门。与现代国家治理中的其他参与主体一样，政府职能的执行者是具有个人利益的经济活动主体，在行使公共权力的同时，也在寻找能够实现自身利益最大化的策略空间。为避免公共政策的执行结果偏离社会福利最大化的目标，需要对执行者的行为进行必要的约束和限制。人民代表大会作为中国的代议机关，由民主选举产生，负责审批国民经济和社会发展计划以及计划执行情况，审查和批准各级预算及预算执行情况。政府与社会成员关系的清晰界定为落实税收法定原则，提高政府预算的透明度和完整性，保证财政支出的合理性和财政资金的使用效率提供了理论依据和改革方向。实际上，党的十八届三中全会提出"加强人大预算决算审查监督、国有资产监督职能"和"落实税收法定原则",就是在坚持人民主体地位和发挥人民代表大会制度的根本政治制度作用的前提下,对明确政府与社会成员财政关系提出的具体要求。"完善立法","实施全面规范、公开透明的预算制度"则是规范政府与社会成员关系的预期结果。此外,党的十九大提出的"以人民为中心","坚持和完善人民代表大会制度","建立全面规范透明、标准科学、约束有力的预算制度,全面实施绩效管理",以及党的十九届五中全会提出的"强化预算约束和绩效管理"等改革目标都体现了对规范政府与社会成员关系的强调。

中央政府与地方政府的关系是建立现代财政制度需要考虑的另一对重要关系。中央与地方关系不仅是既定历史时期政治与经济社会发展的直接反映,也在很大程度上受到社会成员与政府之间关系的影响。在计划经济体制下,资源高度集中于中央的组织架构要求中央政府将掌控的资源以公平而有效率的方式分配给社会成员。中央政府作为单一的调控中心,通常采用自上而下的方式分配社会资源。受到偏好显示和信息传导机制的约束,以中央政府为单一调控中心的资源配置机制很难满足分布在不同区域、具有不同偏好的社会成员需求。随着社会主义市场经济的建立和完善,市场在资源配置中的作用逐步显现,中央政府开始以分散化或授权的方式将部分支出权限交给地方政府。作为中央政府的代理人,地方政府贯彻和执行中央政府的指令，对中央政府负责。为了实施对地方政府的控制，中央一方面强化对地方官员的考核和管理，另一方面则牢牢掌握着税收控制权。在支出责任相对分散且税权高度集中的财政体制下，转移支付被用于实现中央对地方的控制，成为缓解纵向财政缺口的措施。尽管通过中央政府拨款为地方政府筹资有利于加强中央政府对社会资源的控制并促进地方政府的遵从，但也制约了地方发挥更加了解辖区居民需求和偏好的优势，不利于实现基于对地方公共支出成本和收益之间的充分权衡提高财政资金使用效率的目标。

现代国家治理强调政府对公共需求的回应性和负责程度，并通过财政体制的优化提高社会资源在公共部门的使用效率，降低以税收为主要补偿方式的国家治理成本，避免因公共产品成本过高引致的资本和劳动力流出。这就需要在中央的统一领导下，充分发挥中央和地方政府各自优势，基于公共产品和公共服务的提供构建起合作互补关系——地方政府充分利用自身对辖区居民诉求和偏好更为了解的优势，主要负责地方公共产品和服务的提供；在地方政府能够有效地满足辖区居民公共产品和服务需要的情况下，中央政府无须进行干预；当地方政府无法满足辖区公共需要时，中央政府则须通过转移支付将规模有限的财政资金用于弥补贫困地区财政收支缺口，以缓解和解决不平衡不充分的发展问题，满足社会成员日益增长的美好生活需要，实现国家的长治久安。这也是党的十八届三中全会提出"建立现代财政制度，发挥中央和地方两个积极性"的应有之义。

（本文系国家社会科学基金重大项目"基于现代国家治理的税收理论体系创新研究"（18ZDA099）、辽宁省"兴辽英才计划"百千万工程领军人才项目"税收与现代国家治理"（XLYC1905008）阶段性研究成果，本文作者：谷成，王巍）

专家研讨
ZHUANJIA YANTAO

朱军
南京财经大学

财政基础理论问题是落实国家发展战略的重要问题，也是影响财政收益和主要经济社会负担的重要因素。在综合分析现有财政理论的基础上，我们提出系统平衡财政观。从财政的本质和财政国家发展的角度来看，财政政策和财政工作应该是一个系统平衡的过程，是一个经济社会系统相互运动、相互适应、相互演化的一个维持、体现、保障"系统平衡"的公共行为。在既定的国家与政府体制下，"系统平衡财政观"体现国家的意志，还能够根据国家与政府改革发展的需要反馈政府经济体制的约束问题，促进体制机制的完善。

我汇报的题目是"'系统平衡财政观'是财政基础理论创新的新综合"。这篇文章也发表在《云南社会科学》2021年的第五期。基于理论创新我们提出"系统平衡财政观"。我们认为"系统平衡财政观"是基础理论创新的一个重要的综合要素。

财政基础理论问题是落实国家发展战略的重要问题，也是影响财政收益和主要经济社会负担的重要因素。在综合分析现有财政理论的基础上，我们提出系统平衡财政观。

从财政的本质和财政国家发展的角度来看，我们认为，财政政策和财政工作应该是一个系统平衡的过程，是一个经济社会系统相互运动、相互适应、相互演化的一个维持、体现、保障"系统平衡"的公共行为。具体而言，首先，财政政策的发起、制定、执行和绩效评价，全流程应该是一个拥有科学方法论基础的系统过程，要综合经济、政治、文化、社会、生态进行系统思考并达成整个系统的平衡；并且，财政资源的配置和落实财政工作不仅要到达整个系统的平衡，还要实现较为重要的"内部经济系统平衡"以促进资源和发展的可持续性目标，以为其他方面的平衡提供资源支撑。其次，总系统平衡下的分系统平衡就要求：财政工作在支持经济发展的过程中要达成宏观供求平衡和总的经济收支平衡、达成适应政府和市场分工且功能有效发挥的平衡、达成增长与预防、控制风险的平衡等多个方面。再次，财政政策与经济活动之间的互动过程，本身也构成了一个系统（"制定—执行—评估反馈—制定"）并达到平衡。在相应的系统运转中，财政主体通过反馈政策执行中的不足、及时调整以达到经济系统平衡，这是良好的"财政—经济"互动模式。最后，系统论的方法以及现代经济科学中的一般均衡理论方法等工具方法，完全可以模拟财政—经济的运转过程，为现有和未来的财税政策评估提供政策实验。以上这些方面构成了本文"系统平衡财政观"的核心观点。

在本质上，"系统平衡财政观"是基于既有国家政治体制发挥职能的运转模式，其不能够决定国家财政的本质特征。在既定的国家与政府体制下，"系统平衡财政观"体现国家的意志，但是其还能够根据国家与政府改革发展的需要反馈政府经济体制的约束问题，促进体制机制的完善。在财政运作模式方面，"系统平衡财政观"基于既定的社会制度和规范进行运转，总体上需要根据符合现代市场经济的发展要求不断完善自身的财政制度和相关政策。比如对于新经济、人工智能的发展，"系统平衡财政观"要求政府财政、税收制度做出相应的运作模式方面的内生完善。从财政职能的范围来看，"系统平衡财政观"同样是基于既定的政府与市场之间的关系确定自身的职能，但其还能够自发地根据系统的演化问题反馈"政府与市场"作用范围的确定。就财政工作与财政政策的过程来看，具体逻辑思路如图1所示。

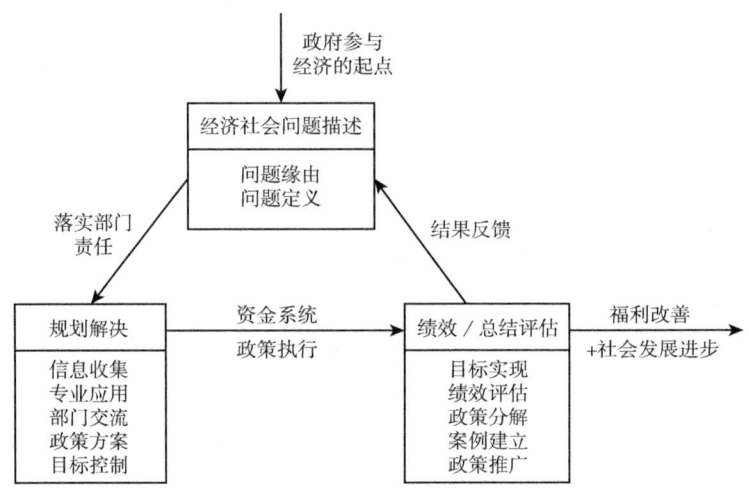

图1 "系统平衡"思维的财政工作与财政政策研究

基于这个观点，我们研究认为：财政政策是经济活动和非经济活动的连接点；财政金融的协调配合是宏观政策的系统平衡的前提；财政税收的对称是经济系统平衡的基本要求；财政及项目执行经济政策的同时反馈经济政策；短期的财政赤字货币化受到长期系统平衡的可持续性要求；财政政策本身也应该是一个自适应的动态演化的过程。基于这些系统方面的论证，我们认为系统平衡财政观是中国财政基础理论的重要方面和新的综合。

基于这个基础理论，展望未来中国财政政策规则和财政政策，我们认为：

第一，坚持以收定支，合理定位税收负担。我们要在合理确定社会保障、社会福利的水平基础上，确定政府支出规模。在此基础上，再进一步确定总体宏观税负的水平来制定我们的税制，完善我们的税制改革。

第二，从系统平衡的视角考虑财政和金融的协调。在明确两者要配合的基础上，根据金融稳定委员会或者是其他的协调机构的基础上建立磋商机制，或者每月、每季或每半年的政策磋商机制。甚至，建议建立合署办公、联席办公机制，以机构的联席办公内生政策的协调，加强财政或货币政策的协调配合。另外，对于财政与货币政策的协调配合，应该区分正常时期和非正常时期的协调配合。

第三，"赤字货币化"是经济非常时期不得已的选择。对于"财政赤字货币化"，首先应该明确其是在非常态时期的财政政策选择。这一政策面临的经济环境、经济背景应该是大萧条，或者是经济严重衰弱时期。

第四，从综合和长远的视角规划财政项目支出。公众的私人需求和公共需求永远都是无限的。基于经典的弥补市场失灵的理论，经济建设和公共服务是财政项目支出的重点。而发展的财政支出项目，是在私人经济主体效率比较低、私人经济主体发展资金不够、私人经济主体组织能力比较弱的情况下，公共部门给予的补充。对此，应该从综合和长远的视角来安排项目支出非常重要。

第五，要在相对稳定中不断推进财税改革。我们改革变化太频繁，有一个规划的预期，可能对于我们经济活动波动的影响最小。

专家研讨
ZHUANJIA YANTAO

郑榕
对外经济贸易大学

医疗卫生体制改革困境与"看病贵"的一个非常重要的原因是政府在卫生服务中承担的责任十分有限。或者说,医疗机构的资金性质、筹资渠道、补偿机制与卫生财政制度建设的缺位和不完善是当前医疗和公共卫生体制改革和体制困境的主要成因。要解决这一困境必须要有财政的介入,要有财政理论基础的支撑,要建立具有中国特色的医疗卫生服务和公共卫生活动的筹资、预算、支付、补偿和评估的卫生财政制度。

我发言的题目是"关于探讨卫生财政学的建设"。这个题目既涉及今天会议研讨的第二个专题也就是财政学学科建设，也涉及第三个专题新文科建设对财政学学科发展的机遇与挑战。这两个专题的交集体现在探讨卫生财政学的建设方面，其实也是针对我国当前国家治理和社会民生所面临的重大现实问题，具有非常明确的问题导向。以下我主要从三个方面来加以阐述：

第一个方面，之所以提出要建设卫生财政学，是因为卫生财政制度的缺位是当前医疗和公共卫生体制面临困境的主要成因。

我国改革开放40多年来，社会面貌、社会结构、社会需求等方面发生了根本性的变化，老百姓的衣食住行等基本生活需求都已得到基本满足和很大程度的提高。但同时百姓所关心的一些重大民生现实问题也日益凸显。如教育、医疗问题。这里我重点谈谈医疗和公共卫生体制建设与改革的财政理论基础。

当前，我国医疗和公共卫生体制改革进入深层次和攻坚性体制改革阶段，一些结构性与体制性困境日益凸显，其中"看病难、看病贵"、日趋紧张的医患关系、医闹、暴力伤医等社会矛盾以及全球大流行疾病都迫使我们必须要深入反思医疗和公共卫生体制建设与改革的理论基础，尤其是财政理论基础问题。

以医患关系紧张为例，有关这方面原因的研究有很多，观点也有很多。我个人比较赞同的一个观点是，医疗卫生体制改革困境与"看病贵"的一个非常重要的原因是政府在卫生服务中承担的责任十分有限。或者说，医疗机构的资金性质、筹资渠道、补偿机制与卫生财政制度建设的缺位和不完善是当前医疗和公共卫生体制改革和体制困境的主要成因。要解决这一困境必须要有财政的介入，要有财政理论基础的支撑，要建立具有中国特色的医疗卫生服务和公共卫生活动的筹资、预算、支付、补偿和评估的卫生财政制度。

这样的卫生财政制度的建设在"健康中国2030"国家战略的背景下具有超强的现实意义。因为健康"中国2030"战略的实现必须要有稳定的财政经费保障机制、投入增长机制和转移支付机制，以及卫生财政管理机制。因此，当前有必要提出卫生财政体制建设这样的一个议题。

第二个方面，"卫生财政学"与"卫生经济学"具有本质区别，"卫生经济学"不足以指导中国医疗卫生体制改革，也不能解决中国医疗卫生体制改革实践的结构性困境。因为卫生经济学关注的是市场主体和个人责任。解决中国医疗卫生体制改革实践的结构性困境必须要探讨政府在医疗卫生服务中应当承担的责任、扮演的角色与发挥的作用等问题，并进而科学合理地划分政府与市场在卫生保健服务中的社会责任边界和责任范围。这些显然都是财政学的基础理论问题在医疗和公共卫生领域的应用。

第三个方面，卫生财政学是有关医疗和公共卫生服务收入、预算、支出、监管、评估、审计的财政学分支学科，是跨越财政学与医学两大领域的新型交叉科学。卫生财政学概念、范围和体系内容需要财政和医学卫生专业人员共同研究建立，将医疗和公共卫生问题放到国家财政制度框架中加以历史和动态考查，通过医疗和公共卫生服务与国家财政制度的互动关系，探讨医疗卫生财政制度。具体而言，卫生财政制度框架由卫生筹资、部门预算、卫生支出和卫生财政管理组成。

举个卫生筹资的例子，关于烟草税，对烟草这种产品的征税究竟应该达到一个什么样的程度，世界卫生组织对成员国有一个指导性的建议是税应该占到零售价格的75%。至于为什么是75%，世界卫生组织没有给出一个理论的依据。医学和公共卫生方面已经有充分的证据证明，烟草这种产品对健康有百害而无一利，但是烟草又被合法地生产和贸易，因此，对这种商品的基本经济学伦理的判断是这种产品的存在不应该成为社会额外的经济负担。从这一角度出发，我们就可以测算对烟草制品的征税程度。这种测算首先基于卫生部门（如疾控中心）对烟草使用所导致的疾病负担的评估，再由专业机构（如卫健委下属的卫生发展研究中心）在疾病负担的基础上进一步评估烟草使用所带来的经济成本，在此基础上，我们就可以进一步地确认对烟草这种制品征税的最低程度，即对烟草制品征税的税负程度和消费税税率应该至少设立在什么样的水平，在这一水平上所筹集到的烟草税的收入能够覆盖由烟草使用所带来的直接和间接的经济成本。所以，这样的一个多部门合作，由不同领域的研究人员共同以解决问题为导向的研究范式，可以说很好地回应了新文科建设对财政学科提出的要求。这样的方法论也可以同样推理到比如对酒类产品的税率设定，对含糖饮料的税率设定，以后也可能会应用到对电子烟的税率设定。这是我以烟草税为例举的关于卫生筹资方面的例子，至于筹集的卫生资金如何使用，则又涉及财政学科的其他方面如预算、财政支出、财政管理等。其实每一个方面都需要财政领域的学者联合医学和公共卫生领域的学者共同合作，针对医疗和公共卫生领域面临的问题作全面深入的研究，才能从制度上解决"看病难、看病贵"、日趋紧张的医患关系、大流行疾病这些切实关系到百姓民生的问题。

专家研讨
ZHUANJIA YANTAO

刘穷志
武汉大学

凯恩斯理论基于三大心理规律,成为宏观经济学基础,其心理特征使用数学符号表达和运算。同样地,中国新文科的人文特征也可以采用数学表达,将推进中国财政学理论的高级化,未来将类似于高级宏观经济学和高级微观经济学。而构建的中国财政学数理理论是否符合中国实践,需要实证检验,中国实践经验和现代计量经济学方法为此提供了数据和分析工具,注入人文特征的中国财政学高级理论应该可以而且必将得到验证,中国财政学理论得以高级化推进。

一、新文科的人文特征及数学描述

1.新科技革命的人文特征及数理描述。人工智能、大数据、区块链、基因工程、虚拟技术、5G技术等带来了新的技术革命，对人类生产模式、生活方式、价值理念产生深远影响，具有新的人文特征（樊丽明等，2019）。新科技革命的一些人文特征被研究者以数学形式表达（盖斯福德，2003；等）。

2.中国历史的人文特征及数理描述。中国具有五千年绵延不断的文化与文明，中国历史人文特征是在中国几千年的历史沉淀中的总结和升华（樊丽明等，2019）。中国历史的一些特征被研究者以数学形式表达（叶德珠，2008；等）。

3.新时代的人文特征及数理描述。中国处在中国特色社会主义新时代，具有中国的民族性、原创性、时代性、系统性和专业性特点，有中国的哲学、社会学、政治学、经济学、管理学和传播学等时代文科特色和人文特征（樊丽明等，2019）。新时代的人文特征有待当今学者以数学的形式表达。

4.全球化和国际化的人文特征及数理描述。世界正在发生变化，全球治理体系和国际秩序的变革正在加速推进，中国正日益走向世界舞台的中央，吸收一切人类文明成果和文化的多样性，产生中国思想和发出中国声音，成为世界和平的建设者、全球发展的贡献者和国际秩序的维护者（樊丽明等，2019）。全球化和国际化的一些人文特征被研究者以数学形式表达（Zou，1994；等）。

二、国际财政学理论的数理模型与实证的计量分析趋势

1.财政学研究的数理模型化。财政学思想和理论日益由数学公式表达，呈现数理形式的复杂化和高级化趋势。从教材看，阿特金森和斯蒂格里茨《公共经济学》、拉本德拉·贾《现代公共经济学》的内容基本都是数学推导；从期刊看，Journal of public economics基本都是数学推导；从马克思主义经济学与西方经济学的最基础的理论来看，价值规律与一般均衡规律存在相通之处（冯金华，2012）。

2.财政学研究不断引入计量经济学及其他实证新方法。从Fiscal Studies、《经济研究》等期刊看，GMM、空间计量、断点回归、准自然实验、爬虫技术、文本计量等新方法不断涌现，对财政学理论检验越来越采用新的计量技术工具和新的实证方法。

三、中国人文特征的表达与中国财政学数理高级化

1.中国人文特征和中国财政学的数理表达。凯恩斯理论基于三大心理规律，成为宏观经济学基础，其心理特征使用数学符号表达和运算。同样地，中国新文科的人文特征也可以采用数学表达，这项工作已经开始，但远未完成，必将推进中国财政学理论的高级化，未来将类似于高级宏观经济学和高级微观经济学。

2.中国财政学数理理论的检验。未来构建的中国财政学数理理论是否符合中国实践，需要实证检验，中国实践经验和现代计量经济学方法为此提供了数据和分析工具，注入人文特征的中国财政学高级理论应该可以而且必将得到验证，中国财政学理论得以高级化推进。

专家研讨
ZHUANJIA YANTAO

倪志良
南开大学

相比自然科学，人文社会科学涉及"人的不确定性和人心的复杂易变性"，使得"不确定性"问题表现得尤为明显。如果只是一味地模仿自然科学，只会导致人类和社会现象的失真。承认自然科学和社会科学之间的差异，将确保人们正确地对待社会理论的优点，而不会错误地用自然科学的方法乱作判断。财政基础理论研究工作也须坚持这一要求。

我就学科建设中的"人才培养"问题谈几点看法。

第一个问题，在教学过程中如何避免一些根本性无用。

信息（知识）不能为人心所用，人心必然受信息（知识）所累。仅就教育领域观察，苦学而无用的问题也不容忽视，一些学生苦学了一二十年后，认知力、判断力、行动担当力、情绪管理力似乎没有根本性提升，甚至有一小部分学生在刻板的教育中反倒丧失了生命的活力与灵性，丧失了生命的热情与担当。

一二十年苦学，若学生的认知力、判断力、行动担当力、情绪管理力没有根本性提升，这样的时间长度，这种无用，可能会超出家长乃至社会的忍耐限度。如何避免这种根本性无用，避免让过多过滥的信息堆积抹杀生命的活力和灵性，如何避免让过多的僵化术语和逻辑推演弱化一个人的现实判断与担当，如何避免舍本逐末，让教育回归到树人之根本，这些问题值得每个学生、教师、家长等教育相关方认真思考。

"无用之用，方为大用"，我们也经常警示自己要避免过于短期的是非评价和效用评价。但一种"无用"时间不能太长，如果一二十年，甚至整个工作期间的三十多年都没有感知到某些所学的积极作用，这种无用就是一种根本性无用。

古圣先贤的智慧思考与现代科学研究也都诠释了"无用"的广泛表现及其对生命能量的无谓消耗："博闻善感"而不在静思中厘清"要念""无用"；一味"外求"而不让"要念"在内心"静以存之"（或谓"结圣胎"），"无用"；"要念"不重复、不笃实、不真切到"行"，"无用"；处于"非舒适区"的一两次勉强之"行"，若不一以贯之磨炼为"天人合一"之"习惯"，也几乎"无用"。知道了这些"无用"，也就有几分明确了如何"实践"才能"有用"。

第二个问题，一些学生在苦学中堆积了很多概念与逻辑，但现实判断力和行动担当力严重不足。

杨敬年先生，1948年取得牛津大学博士学位后回南开大学任教，是我国著名的经济学家、教育家和翻译家，他翻译的《国富论》在我国影响深远。2016年9月4日，杨敬年先生在天津逝世，享年108岁，习近平总书记等十多位党和国家领导人以不同方式向先生表示哀悼，一位财税人因为至真思考与至善担当赢得了至上的尊重。

杨敬年先生生前曾多次告诫，在社会科学领域，专业过度细分不是好事，这会导致学生很难以全面的眼光去看待复杂的社会和经济问题，眼光不全面，学生就难以选对关键信息和主信息，就难以生成有效判断。因为经济、社会、政治和文化现象本身是相互交织在一起的，而过度细化的科目则会妨碍学生学习相邻学科的知识，使得学生很难以全面的眼光来看待复杂的社会和经济问题。他回忆起自己的求学和治学历程，早年在中国政法大学学习行政学，到南开经济研究所读研究生时的专业也是地方行政，在牛津读的是哲学、政治和经济（简称PPE）博士，回国后创办财政系，使南开大学成为国内最早设立财政系的四所大学之一。

杨敬年先生也经常怀念求学时期的南开经济研究所，说到何廉先生创办经研所时所仿照的就是英国的伦敦政治经济学院，目的在于建立一个社会科学交叉互动的综合性研究机构。当时何廉先生研究的是财政学，方显廷先生是经济史，陈序经先生是社会文化学，而张纯明先生是政治学理论，张金鉴先生则是行政管理，这种多元化的学术气氛给当时在南开读书的杨敬年先生留下了极其深刻的印象。

索罗斯——国际知名金融大鳄，在多次公开演讲中也强调了判断力和担当力的重要性。他强调：在经济学领域，经济学家总是希望找到确切的东西，然而我却要说不确定性是人类事物的关键性特征。

20世纪50年代，索罗斯在伦敦政治经济学院学习，他用三年的时间修完经济学课程，在余下的一年里，他选择了哲学家卡尔·波普尔对其学业进行指导。波普尔特别强调，知识永远是不完备的。但在经济学理论中却有完全竞争理论，并假设知识是完备的，信息是充分的。索罗斯被两者的矛盾难住了，这使他开始怀疑经济理论的假设。也正是基于对这一假设的根本性怀疑,他开始构建自己的"认知—行为框架"。后来,这一框架助其在金融领域取得了非凡的成功。

相比自然科学,人文社会科学涉及"人的不确定性和人心的复杂易变性",使得"不确定性"问题表现得尤为明显。如果只是一味地模仿自然科学,只会导致人类和社会现象的失真。承认自然科学和社会科学之间的差异,将确保人们正确地对待社会理论的优点,而不会错误地用自然科学的方法乱作判断。

世界太大,事情太多,空间无尽无穷,时间无始无终,人物形形色色,人心变化万千。任何个体仅凭短短几十年的生命体验,所知终归有限,所感终归有限,但个体又必须凭这些有限去思考、去感悟、去行动。杨朱曰:"太古之事灭矣,孰志之哉?三皇之事若存若亡,五帝之事若觉若梦,三王之事或隐或显,亿不识一。当身之事或闻或见,万不识一。目前之事或存或废,千不识一。"在杨朱看来,信息充分也是不可能之事。

苏格拉底曾明示:认识到自己的无知就是最大的智慧。《道德经》也有同样的警示:"知不知,尚矣;不知知,病也。"人类首先要承认的是:一个人,穷其一生,所知甚少;全人类,迄今为止,对宇宙、对自身仍知之甚少。

宇宙浩瀚,历史悠久,人心丰富,人穷其一生只能就进入大脑中的知识达成最大化的一致。

"人心惟危，道心惟微。"眼前的琐碎和私欲很容易将大脑占据，将至简之道蒙蔽，将"心"的潜能禁锢，将认知的效率拉低。认知效率，一方面取决于进入头脑的信息有多少属于上乘信息，另一方面取决于组织这些信息的逻辑链条、价值链条是否至简、至上、至真！

判断力是认知能力的集中表现。在信息—知识—理念—判断—行动这一教育链条中，判断力居于核心地位。现实判断多比逻辑推演更复杂，更艰难。就我国的学校教育而言，加强后三个环节训练的任务更为艰巨，更为迫切。当下应力求避免的是：学生之所学大部分被滞留在前两个环节，不能生成清晰信念，不能生成有效判断，不能生成至善担当。

最后一个问题，个人效用最大化的适用边界问题。

世界银行曾明确指出：竞争性市场是人类迄今为止发现的有效进行生产和产品分配的最佳方式。市场经济承认"个人效用最大化""收入最大化"之合理性。家贫万事难，国贫易遭欺，发展是硬道理。但经济领域的金科玉律在文化、社会领域并非绝对真理。个人效用最大化原则不能在生活中简单泛化，个人主义和功利主义更不能堂而皇之到处流布。亲情、包容、身心健康、家庭责任感、社会责任感等事关生命质量的诸多"无价"要素若都被功利性追逐无情碾压,"无价"之贵被有价之物庸俗淹没,生活之大美体验定会远离,生命之神圣定会坍塌。

中国传统文化强调为天地立心,为生民立命。一个过于个人主义的人,是难以安心立命的。若每个人都追逐个人效用最大化,最后这个社会谁都没有效用可言。一个人的个人价值追求,必须与社会价值、与天地价值融合起来,他才有可能通达安心立命之正途。外求过于个人主义,内心就难以安顿。现代社会过于强调个人效用最大化,强调个人主义,因此也就出现了严重的现代病:离婚率居高不下、亲情友情爱情不再纯朴神圣、医患纠纷路怒事件频发、情绪问题普遍而严重……

理查德·莱亚德,英国上议院议员、担任过两任首相顾问,他的《不幸福的经济学》在国内影响很大,他的另一部合著《幸福之源——优化生命体验的科学》经南开大学翻译后已经由格致出版社出版。理查德·莱亚德教授原有的研究领域是失业经济学,但当他注意到某些贵族学校40%多的学生来自单亲家庭,当他注意到家庭责任感、社会责任感缺失等一系列不良社会现象对"生命意义感、价值感、幸福感、上乘生命体验"的根本性伤害时,关注现实社会难题的良知让他打破了学科界限,开始关注一些超越经济学传统边界的问题。在他看来,灵魂一旦迷失了方向,其对个人内心所造成的混乱与痛苦,远大于失业等经济问题所导致的负面影响。关注经济问题，需要同时关注人的内心感受、精神秩序与生命体验！

最后强调教育至善目标到底是什么，我们的古圣先贤孔子曾明确表示不能把人教育成器，不能把人教育成工具，让人在刻板教育中丧失了生命最为重要的东西——生命的活力、灵性、热情、至真思考与至善担当。

借用联合国教科文组织的一句话：一切教育活动都是为了学生的成长和发展，为了学生一生的幸福。

专家研讨
ZHUANJIA YANTAO

曾军平
上海财经大学

财政基础理论的发展有以下几个观点：第一，财政学的理论分析必须要有伦理基础——伦理问题是经济分析的基础，也是财政理论分析的基础；第二，财政学的伦理基础与主流经济学的效率标准不同，其伦理基础应该是公平、正义；第三，财政基础理论所讲的公平，通常涉及的是结果，特别是收入分配的结果，但也应重视规则，公平的规则；第四，公平的规则不是看你收入差距缩小还是不缩小，而是要看规则本身能不能经得起理性个体的可逆性检验；第五，可逆性检验有效的公平的规则，即构建公平的规则不仅是人类理性实践之所必需，也是人类理性实践的最大可能范围。

关于财政学基础理论的发展，讲几个观点：

第一个观点，财政学的理论分析必须要有伦理基础。罗宾斯将伦理问题排除在经济学的研究领域之外。由于财政学属于经济学的范围，主流经济学理论，包括财政理论特别是其实证分析在很大程度上忽视了伦理方面的问题。但是我个人认为伦理问题是经济分析的基础，也是财政理论分析的基础。为什么这么说？前面各位专家提了财政学是解决现实问题的，而现实问题的解决首先要有判断一个好与坏的标准问题。这个情况下，不管是财政学的规范问题，还是实证问题，都应该以伦理规范的确定为前提：实证分析要能对现实有指导作用，能够推导出规范的建议，相关的分析需要围绕有关好坏的伦理标准来展开。单纯的实证研究就像"休谟的铡刀"，无法从实证研究的结论中推导出规范的建议来。也正因为如此，我个人觉得经济学，包括财政学首先要有伦理基础，撇开伦理，经济学、财政学的价值和意义很有限。

第二个观点，既然要以伦理作为经济学、财政学理论分析的基础，那经济学、财政学的伦理基础到底是什么？主流经济学以效率作为基本的伦理标准，但是我个人认为财政学、经济学的伦理基础应该是公平、正义。为什么这么说？基本的考虑是，公平、正义，正如罗尔斯所讲的，它是社会制度的首要价值：制度、政策好不好，首先要看它们公不公平，正不正义；制度、政策哪怕再有效率，如果它们不公平，不正义，政策、制度的合法性、正当性都会出问题。为什么？公平正义本身是一个目标。此外，它也是实现效率的基本保障：效率如果要实现，其实也离不开公平，因为社会之所以会有低效率，根本问题是因为人和人之间有矛盾和冲突，没法公平解决。反过来，如果我们公平地解决了人和人的矛盾和冲突，社会最后自然而然就会达到一个有效的结果。进而，我个人认为经济学，包括财政学应该公平正义作为首要的价值标准。而对现在的主流经济学而言，宏观经济完全忽视了公平、正义，微观经济学在一定程度上考虑公平正义问题，但是它将公平正义置于从属位置，这使得整个理论的现实价值极其有限。

第三个观点，既然讲到公平正义，那我们究竟应该如何理解公平正义呢？就财政学的理论研究而言，正如财政学教科书所表明的，财政理论所讲的公平，通常涉及的是结果，特别是收入分配的结果。但我个人认为，我们要讲公平，它只能是规则意义上的，单纯的结果公平，它没有价值和意义。为什么这么说？因为公平问题涉及的是一种分配关系，是你的所得与你的付出等对应关系合不合理，而不是更单纯的结果，单纯的结果离开了决定结果的因素没法进行评价。而结果与决定结果的相关因素之间所具有对应的关系不仅是由决定最后结果的规则来决定的，同时也是由这个规则来体现的。也正因为如此，我们要讨论公平问题，不管是经济学、财政学所关注的收入公平分配问题，还是其他的公平问题，我个人认为都应该放到公平的规则上。财政学将公平放在具体结果方面，我个人觉得这是一个很大的问题。

第四个观点，既然公平涉及的是公平的规则，那我们要考虑公平的规则到底是什么性质的规则？在现代经济学领域，受结果公平观的影响，一讲公平就讲收入差距缩小，好像收入差距缩小了就公平了，我个人觉得这个理解是错误的，公平的规则不是看收入差距缩小还是不缩小，而是要看规则本身能不能经得起理性个体的可逆性检验。所谓可逆性检验，就是我们通常所讲的换位思考，规则是否公平，不是看它具体的结果，而是取决于规则是否能给个通过可逆性的检验：不管站在哪一方，我是否都可以接受；不管是站在有钱人的角度，还是站在没钱人的角度，换位思考后是否能同意规则。如果经得起可逆性检验，那规则就是公平正义的，如果经不起检验，这个规则就不公平、不正义。从这个意义上讲，我认为财政学、经济学要讲公平、正义的话，就需要去探索能够经得起可逆性检验的规则。

最后，我想表达的是，可逆性检验有效的公平的规则，一方面，是财政的理性实践所必需的，如果财政学的理论研究试图去真正解决现实问题的话。另一方面，寻求公平的规则也是财政实践理性实践的最大可能范围。我的理解是，财政理论研究要解决现实的问题，也只能去探究公平的规则。第一，我们不仅没有办法去确定具体的公平的结果，同时也没办法计算出某一个有效的结果，我们人类理性所能解决的只能是公平的规则：规则公平了，结果就公平了；规则公平了，资源的有效配置就会得到最大可能的范围。第二，理论上也不应该确定公平有效的具体结果，因为，如果经济学家、财政学家把某种具体的结果都计算出来了，作为社会的公民，个体的自由的价值何在？伦理上，我们不应该给他们确定最后的结果，我们不应该计算确定的结果，我们所应该考虑的问题是人类社会所需要的公平规则。也正因为如此，我个人最近有一种强烈的想法，认为构建公平的规则不仅是人类理性实践之所必需，同时也是人类理性实践的最大可能范围。

除了探索公平的规则，我们还能做什么？除了探索公平的规则，我们还应该做什么？

后 记

2016年5月17日，习近平总书记在哲学社会科学工作座谈会的讲话中指出，"要加快构建中国特色哲学社会科学，按照立足中国、借鉴国外、挖掘历史、把握当代、关怀人类、面向未来的思路，着力构建中国特色哲学社会科学，在指导思想、学科体系、学术体系、话语体系等方面充分体现中国特色、中国风格、中国气派"。为落实习近平总书记的重要讲话精神，2017年，中国财政学会在第21次全国财政理论研讨会上专门就"财政基础理论与学科建设"进行了探讨。会议认为，传统的财政理论与中国的财政实践存在巨大的鸿沟，特别是用西方的范式讲中国的故事存在很多问题，亟须构建中国特色财政理论体系，解释和展现中国财政改革和发展的伟大实践，基于中国的财政改革实践进行理论创新，创建中国特色的财政学派。

2018年，中国财政学会申请了"中国特色财政理论体系构建研究项目"，计划研究周期三年。在项目实施过程中，中国财政学会牵头协调沟通，整合各方面的研究资源，有效调动高等院校和相关研究机构的积极性和专家力量，分别承担不同阶段的研究任务，通过召开研讨会、小型讨论会、征文等多种形式，达到形成基础理论创新,包容学术思想流派,完善公共风险逻辑主线,出版教学参考用书的目标。

2018年2月,中国财政学会在河北省廊坊市组织召开了第一次会议(即"廊坊会议")。会议以构建新时代中国特色社会主义财政理论体系为主题,重点围绕财政学的旧逻辑与新逻辑展开讨论。中国财政学会副会长兼秘书长刘尚希作主旨发言,来自财政部、国家行政学院、中国社会科学院、中国人民大学、中央财经大学等单位的30余位专家学者参与研讨。

廊坊会议的内容综述和主要专家观点在《财政研究》2018年第6期发表,这也标志着中国财政学会引领新时代中国财政基础理论的研究工作正式启动。2019年1月,中国财政学会秘书处以本次研讨会的征文、专家发言为基础,进行编辑整理,编辑出版了《新时代财政理论创新探索——"廊坊会议"纪实》。

2018年5月,中国财政学会面向中青年财政理论研究工作者开展"新时代中国特色社会主义财政基础理论研究"主题征文活动。8月,中国财政学会在山东省泰安市召开本项目研究的第二次会议(即"泰安会议"),参会人员除中国财政学会的理事和学界知名专家外,还邀请了具有深厚研究功底的中青年财政理论研究工作者出席。会议围绕"中国特色财政基础理论构建研究"展开讨论,聚焦新时代财政基础理论如何创新和以公共风险作为财政学逻辑起点的可行性两个主题，进行了深入的交流和讨论，既是一场激荡思想、碰撞火花的"头脑风暴"，又是基础理论创新和融合的重要机制。2019年11月，中国财政学会以本次会议的征文和发言为基础，整理出版了《新时代财政理论创新探索——"泰安会议"纪实》。

2019年12月，中国财政学会在湖南省长沙市召开本项目的第三次会议（即"长沙会议"）。与会专家学者围绕"财政学基础理论研究"和"新时代背景下如何加强财政学学科建设"展开讨论，重点探讨在中国特色社会主义道路自信、理论自信、制度自信和文化自信大背景下如何推进中国特色社会主义财政基础理论和财政学学科建设。会后，中国财政学会秘书处汇总归纳了本次会议的优秀征文和专家发言，结集出版了《新时代财政理论创新探索——"长沙会议"纪实》。

2020年9月，中国财政学会联合教育部财政学教学指导委员会在江西省南昌市召开本项目第四次会议（即"南昌会议"）。与会专家围绕财政基础理论创新、财政学科建设发展、现代财政与国家治理等主题展开深入讨论。此次会议也是在习近平总书记在经济社会领域专家座谈会上的讲话后，财政学界举办的首次全国性重大活动。会后，中国财政学会秘书处将优秀征文、专家发言汇总整理，结集出版《新时代财政理论创新探索——"南昌会议"纪实》。

受到新冠疫情的影响和冲击，中国财政学会与教育部财政学教指委联合召开的第五次会议（即"上海会议"）调整到2021年年末，并以线上线下相结合的方式举行。会议设立了北京、上海两个主会场，两地的学者专家向主会场适度集中，其他地区的学者专家以线上的方式参会。本次会议共收到会议论文20篇，有15位专家进行了主旨发言和交流发言，会议就财政基础理论创新的主要方向、关键领域、主要方法和学科框架进行了深入研讨，并在核心概念、逻辑框架、主要思路、研究范式等方面达成了一定程度的共识。

上海会议结束后，中国财政学会秘书处整理了专家发言及优秀论文，编纂成书，呈现给读者。在此，谨向辛勤工作在财政基础理论研究一线的专家学者表示深深的感谢和崇高的敬意，向上海会议的承办单位上海财经大学及公共管理学院表示诚挚的谢意，向为本书付梓出版的审核专家、审校老师和责任编辑表示我们衷心的感谢。

中国财政学会秘书处

2022年12月